Créer son entreprise

L'anti-manuel...

Éditions d'Organisation
Groupe Eyrolles
61, bd Saint-Germain
75240 PARIS Cedex 05

www.editions-organisation.com
www.editions-eyrolles.com

© Groupe Eyrolles 2006, 2008, 2010
ISBN : 978-2-212-54594-4

Patrick Jolly

Créer son entreprise

L'anti-manuel…

Troisième édition

EYROLLES
Éditions d'Organisation

sommaire

introduction

Ce livre s'adresse à tous ceux que l'envie de « créer une boîte » démange. Comment cette idée de monter vous-même une entreprise a un jour germé dans votre tête ? Mystère. Elle vous est venue comme ça, vous ne savez pas trop d'où, ni comment. Oh ! Probablement pas au collège ni au lycée, cette notion étant plutôt étrangère au corps enseignant (mais les choses évoluent)… Non, vous avez dû avoir cette idée au contact du monde du travail, lors d'un stage par exemple, ou en regardant une émission à la télévision, en feuilletant un magazine, ou bien encore après avoir rencontré un chef d'entreprise qui a su vous faire partager sa passion…

Cette idée maintenant vous taraude. Autonomie + liberté + argent : un cocktail détonant pour qui a un peu d'ambition ! Vous percevez bien sûr en filigrane un certain nombre de contraintes : le travail acharné, les risques, l'échec éventuel avec un filet de sécurité quasi inexistant. Néanmoins, l'envie est là.

Alors vous vous renseignez : vous vous procurez des ouvrages sur la comptabilité, la gestion, le management, les tableaux de bord, les bilans, les comptes de résultat, le recrutement, le droit des affaires, le droit social, la communication, les études de marché, la propriété industrielle, le droit des marques, les brevets, la fiscalité, etc. En effet, nombreux sont les livres spécialisés, bourrés de conseils et de techniques, qui dispensent au futur chef d'entreprise une information exhaustive et pointue.

Cependant, toutes ces données finissent par vous donner le tournis. Vous ne savez plus où vous en êtes. Tout semble si compliqué ! Vous commencez à douter : de vous, de vos compétences, et au final, de votre propre envie de vous lancer vraiment…

STOP !

Voici l'anti-manuel, l'antidote à votre problème.

Toutes ces informations que vous ingurgitez, que vous tentez de comprendre et de maîtriser ne remplaceront jamais ce que vous enseignera l'expérience. Vous n'apprendrez pas à skier en lisant *Comment faire du ski* dans votre séjour ! Il faut bien à un moment donné poser votre livre, chausser des skis et essayer d'appliquer « pour de vrai » ce que vous pensez avoir compris en théorie.

De plus, un tel amoncellement de connaissances peut avoir deux conséquences :

- ralentir, voire annihiler votre passage à l'acte : la création effective de votre société. On entend en effet souvent de futurs candidats à la création d'entreprise dire qu'il leur faut encore approfondir telle notion, puis telle autre, avant de se lancer. Cette quête peut être sans fin… ;

- masquer les véritables enjeux, les vrais problèmes et les questions indispensables que doit se poser le futur chef d'entreprise. Souvent toutes simples, ces questions n'en demeurent pas moins fondamentales.

Il y a en effet dans la création réussie d'une entreprise une très grande part de bon sens que ce fourmillement de méthodes finit par cacher, conduisant de nombreux créateurs d'entreprise potentiels à prendre des vessies pour des lanternes. Combien de *business plan*s « moulinés » sur Excel® ont fait miroiter des profits à faire rêver ! Avec des hypothèses osées, voire farfelues, des incrémentations automatiques, qui gonflent les recettes et sous-estiment les dépenses, des études de marché auxquelles on fait dire n'importe quoi et le plus souvent ce qu'on a envie d'entendre, bon nombre de projets sont à des années-lumière de la réalité. Ce ne sont bien souvent que des fantasmes projetés et transformés en soi-disant « besoins urgents » des consommateurs. Vous avez déjà entendu ces fameux : « Ça n'existe pas encore ! » ; « Je suis le premier et le seul à proposer ça ! » ; « Personne n'y avait pensé ! » ; « Mon idée est géniale ! », etc. Oui. Bon. Peut-être… Toutefois, c'est bien connu, ce qui fait la valeur d'une idée, c'est sa *réalisation*. Alors, nous verrons plus tard si votre idée était si géniale que ça.

Pour l'instant, oublions le génie qui sommeille en vous, et concentrons-nous sur le terre à terre. Comment démarrer ? Avec quels moyens ? Qui sont vos clients potentiels ? Qu'est-ce que votre produit leur apporte ? Qui sont vos concurrents ? Essayez de savoir, de sentir si ce que vous allez tenter peut avoir du succès, sans vous surestimer, sans occulter les problèmes qui pourraient survenir. Mieux, inventez-les, anticipez, imaginez la suite : vos clients, leurs réactions, leur perception du produit ou du service que vous leur proposez. Vous verrez : il arrive *toujours* ce que vous n'avez pas prévu, et vous serez amené à improviser. Alors, entraînez-vous à improviser !

Le but de cet anti-manuel ? Rappeler l'essentiel, mettre le doigt sur les points importants. Il vous servira dans les périodes de doute, lorsque vos pensées s'emmêlent, quand les conseillers de tout genre – qui ne sont jamais les payeurs – vous auront tellement abreuvé de « à ta place, je ferais plutôt comme ça » que vous ne saurez plus où vous en êtes. Dans ces moments-là, il faut revenir à l'essentiel dans tous les domaines : la gestion, les clients, la communication, l'organisation, le personnel… C'est de votre entreprise qu'il s'agit et c'est vous qui lui donnerez son style et sa personnalité. Le but n'est pas de vous fermer aux autres. Après les avoir écoutés, vous devez en revanche être capable de synthétiser leurs conseils et de trancher : vous êtes et resterez l'unique responsable de vos décisions.

Enfin, ce livre se veut le contraire d'un recueil de recettes. Il n'y a pas de recettes à la création d'entreprise, il n'y a que des manières d'aborder les problèmes : avec bon sens, et en revenant à l'essentiel. Des exemples vous feront toucher du doigt les raisons de certains échecs, de certains succès. Encore que, dans ce domaine, la modestie doive rester la règle, car il est toujours plus facile de tout expliquer « après ». Néanmoins, ces exemples vous aideront, j'en suis certain, à appréhender le mieux possible votre propre projet de création d'entreprise.

Bonne lecture !

Comment devient-on entrepreneur ?

Avez-vous le profil ?

À l'ESSEC, où j'interviens de temps à autres sur la création d'entreprise, les étudiants me posent souvent la question : existe-t-il *vraiment* un profil type du créateur d'entreprise ?

Pour avoir côtoyé de nombreux chefs d'entreprise qui s'étaient lancés dans l'aventure, je peux dire que s'ils sont tous étonnamment différents, à un point tel qu'on peut se demander parfois s'ils font le même métier, ils ont en commun un certain nombre de qualités, ou plus simplement de caractéristiques. Celles-ci, plus ou moins développées selon les individus, sont les suivantes :

- une forte personnalité ;
- le goût du risque ;
- une imagination fertile ;
- du charisme ;
- un dynamisme, une combativité et une ténacité particulièrement développés ;
- un bon sens permanent.

De plus, ils ont décidé de prendre en charge leur existence. Ils aiment l'argent (ils ne s'en cachent pas), la liberté, l'indépendance et l'autonomie. En dehors de ces éléments, il n'existe pas de profil type.

Sortez du troupeau

Vous avez sans doute, vous aussi, entendu vos parents vous dire : « Arrête de faire ton intéressant ! » ou bien encore « Tu ne peux pas faire comme tout le monde, non ? ». Or, s'il est une caractéristique propre aux créateurs en général et aux créateurs d'entreprise en particulier, c'est bien de ne pas vouloir faire comme tout le monde. Le créateur d'entreprise est un marginal, capable de réflexion et d'analyse personnelle. Il a envie de mettre son grain de sel dans le monde qui l'entoure et ne veut surtout pas mettre ses pas dans ceux de ses prédécesseurs. On retrouve ici les notions de liberté, d'indépendance et d'imagination chères aux chefs d'entreprise.

Le créateur d'entreprise a aussi la volonté de sortir du troupeau, de se prendre en charge, de ne pas attendre de l'État et de la « société » une assistance permanente. Il demande juste à l'État de lui garantir la sécurité, la justice et la liberté, et à partir de là, il se débrouille avec le reste. Malheureusement, les nombreuses interventions de l'État dans la vie des entreprises ont un peu faussé le jeu, et certains patrons se sont faits des spécialistes de la récolte de subventions. Quel dommage ! Je fais mienne cette déclaration d'Yvon Gattaz, chef d'entreprise et ancien président du Medef (à l'époque le CNPF) : « L'entreprise n'a pas besoin d'aides, elle a besoin d'air ! »

Le créateur d'entreprise a la volonté de sortir du troupeau, de se prendre en charge.

Le système scolaire

Au collège et au lycée, rares sont ceux qui ont entendu leurs professeurs leur parler de l'entreprise. Ou alors celle-ci était évoquée comme une sorte d'abstraction, censée leur offrir un emploi après le bac. Certes, on ne peut pas trop en vouloir au corps professoral dont le cursus parle de lui-même : collège, lycée, faculté puis à nouveau collège ou lycée ou faculté. Il ne quitte pas le monde de l'école, comment voulez-vous qu'il parle de celui de l'entreprise ? Et encore plus de la création d'entreprise ! Ce monde leur est plutôt étranger. Certains lui collent même une réputation sulfureuse : celle d'un monde d'argent, de marchands. On est loin du savoir, de la culture, de la recherche…

Ainsi, les élèves sont généralement formés pour trouver un emploi par la suite et personne ne leur dit, dans le cadre de leur scolarité, qu'ils pourraient créer leur entreprise. Et pourtant, il faut bien que quelqu'un soit à l'origine de ces petites sociétés qui vont générer ces emplois ! L'élève, là, celui qui baye aux corneilles en regardant par la fenêtre, son imagination déjà en route pour refaire le monde, est peut-être un futur créateur d'entreprise ! Peut-être est-il même pour l'instant le cancre de la classe…

Le cas des diplômés des grandes écoles

Quelles sont les qualités généralement reconnues aux diplômés des grandes écoles d'ingénieur ou de commerce ? Indéniablement des facultés de compréhension, d'analyse, de synthèse et de mémoire. Ce sont toutes des « facultés de réception », ce qui est normal puisque l'enseignement est conçu ainsi. À l'inverse, les caractéristiques du créateur et futur chef d'entreprise sont des « facultés d'émission » : imagination, charisme, dynamisme…

Le chef d'entreprise est un entraîneur ; son rôle est dans l'action.

La formation dispensée aux diplômés des grandes écoles leur donne cependant un avantage sur le plan technique, quand il est nécessaire, mais aussi en gestion et en comptabilité, voire sur la réflexion globale et stratégique de l'entreprise. Malheureusement, ces avantages peuvent se transformer très vite en inconvénients, car le diplômé quitte parfois l'étage du bon sens pour élaborer des réflexions à cent lieues du terrain et des réalités de l'entreprise. Les exemples de ces écarts sont nombreux : la « bulle Internet » entre 1999 et 2001 en est un superbe exemple.

En réalité, le diplômé n'a bien souvent aucune idée de ce qu'est un client et de son corollaire, la « relation client ». Or, c'est l'inverse pour les autodidactes, qui ont eu à se frotter très tôt à la vie active. Cette approche client est capitale lors de la création d'une entreprise, et tout jeune entrepreneur doit l'acquérir ou au moins en avoir conscience. Fruit du bon sens, de la psychologie et de l'observation, c'est une des clés du succès des créateurs d'entreprise.

Quelle est votre motivation ?

Si vous pensez avoir quelques-unes (pas toutes certes, nul n'est parfait !) des caractéristiques qui font les créateurs d'entreprise, quelle est au fond de vous votre vraie motivation, celle qui vous fait avancer et vous donne envie de lancer votre société ?

Cette question est très importante. Cherchez bien, et surtout, ayez le courage de répondre franchement, hors de tout tabou. L'argent ? (Suffisamment pour vivre ? Beaucoup ?) Le pouvoir ? (Un peu ? Beaucoup ?) La liberté ? La gloire ? Le risque ? Les honneurs ? Le bien commun ? L'accomplissement d'une mission dont vous vous sentez investi ? Quel est « votre truc » ?

On demande souvent aux enfants ce qu'ils aimeraient faire plus tard. Et leurs réponses sont toujours des métiers : pompier, policier, infirmière, professeur... Plus tard, on interroge l'étudiant : que veux-tu faire dans la vie ? Il répond là encore un métier : avocat, chercheur, ingénieur... Il m'est venu un jour l'idée de poser la question autrement : que veux-tu faire de *ta* vie ? Et là, curieusement, le vide : pas de réponse.

Quand j'avais seize ans et qu'on me demandait ce que je voulais faire dans la vie, je répondais : « Gagner de l'argent. » On me répliquait que ce n'était pas un métier – ce dont je convenais fort bien –, mais mis à part le côté un peu provocateur de ma réponse, j'avais une ambition beaucoup plus large que le simple apprentissage d'un métier. En fait, je sentais bien qu'on pouvait gagner de l'argent, voire beaucoup d'argent, dans de nombreux secteurs, avec des métiers très divers. Ainsi, la perspective de gagner de l'argent dans une activité pouvait la rendre intéressante à mes yeux. La plupart des personnes disent vouloir exercer une activité « intéressante », ce qui pour moi ne veut strictement rien dire. Il n'y a pas d'activité « intéressante » dans l'absolu, il n'y a que des activités qui vont intéresser telle ou telle personne, sans pour autant être attrayantes pour d'autres. Je n'aurais par exemple jamais pu exercer la profession de médecin ou de chirurgien. Même, je crois, pour beaucoup d'argent !

Aussi, posez-vous honnêtement la question : quelle est ma motivation ? Et n'ayez pas peur de la réponse. Partir faire le tour du monde et trouver du travail sur place, ou être sacré champion du monde de jeux vidéo sont des objectifs tout aussi respectables et courageux que devenir chef d'entreprise !

Bâtissez-vous une expérience

Pour ceux qui ne sont pas encore en poste, qui n'ont pas encore côtoyé le monde du travail, les petits boulots et les stages constituent des moyens efficaces de se frotter à la réalité de l'entreprise.

Les « petits » boulots

Oui, je voulais gagner de l'argent, et je l'avouais comme un *but*. En réalité, je voyais plus ce but comme un *moyen*, un fantastique moyen de liberté. Ma vie semblait donc s'orienter vers deux envies complémentaires : l'argent et la liberté. Il me semble que, lorsqu'on possède ce genre de connaissance de soi, on peut avancer plus vite. En effet, ces envies m'ont poussé pendant toute ma vie d'étudiant à faire des « petits » boulots (je trouve cette expression stupide : il n'y a pas de « petits » boulots ! Dès lors qu'un travail a une utilité, rend service ou répond à une nécessité, il n'y a pas lieu de le qualifier de « petit ». Cette expression, empreinte de mépris, me semble inacceptable : baby-sitter, lecteur-correcteur, professeur d'informatique, moniteur de colonies de vacances, manœuvre, concierge, gardien d'immeuble, guichetier. Je les ai tous exercés avec intérêt, car ils m'ont beaucoup appris sur les gens et sur les rapports humains. Et puis, s'intéresser à ce que l'on fait, c'est déjà le faire bien, et donc satisfaire la personne qui vous a engagé (et être réengagé par la suite).

Il ne faut donc pas hésiter à accepter des « petits » boulots très divers. Pour un futur créateur d'entreprise, ils constituent une source d'enrichissement exceptionnelle (au sens intellectuel du terme). Et, contrairement, à une idée reçue, les chefs d'entreprise ne sont pas si frileux lorsqu'il s'agit d'en proposer. S'ils détectent chez vous une vraie envie de travailler, de rendre service, de faire des tâches annexes qu'ils ne savent pas à qui confier, ils vous prendront. Ne demandez pas la lune, ne soyez pas trop exigeant, cernez correctement le service qu'on attend de vous et exécutez-le avec conscience et honnêteté. Faites-vous apprécier. L'enseignement que vous tirerez de ces boulots vaudra plus que le salaire que vous obtiendrez en fin de mois.

Pour un futur créateur d'entreprise, les « petits » boulots constituent une source d'enrichissement exceptionnelle.

En cherchant ces petits boulots, en essayant de les obtenir et en les exerçant, on se bâtit une expérience du monde du travail, et de la vie en général, qui ne peut être enseignée ni dans les livres, ni à l'école.

Un exemple : je postule un jour pour remplacer un gardien d'immeuble le dimanche et les jours fériés dans un immeuble chic de Neuilly-sur-Seine (dans les Hauts-de-Seine). Mon travail : assurer de 10 heures à 22 heures, tous les dimanches et les jours fériés, une permanence et une surveillance des entrées et sorties de l'immeuble, *via* un système d'ouverture de la porte d'entrée que je suis seul à pouvoir actionner.

Certes, ce n'est pas très compliqué, mais il s'agit tout de même d'un travail de confiance.

Je me retrouve sélectionné, mais en concurrence avec un chauffeur de taxi qui, pour arrondir ses fins de mois, a décidé de déposer lui aussi sa candidature. On me convoque à un dernier entretien et on me fait comprendre que le chauffeur de taxi a la préférence de la direction, car il est plus âgé (j'ai vingt-deux ans), donc plus mûr pour un poste de confiance. Je suis tétanisé. Je *veux* ce boulot, qui est idéal pour moi, car venant d'intégrer une école d'ingénieur pour trois ans, je pourrais travailler mes cours entre deux ouvertures de porte.

J'essaye de défendre ma cause, mais la femme en face de moi n'a pas l'air très sensible à mes arguments. Elle me comprend très bien, mais «… vous comprenez, on veut quelqu'un de sûr, qui ne partira pas au bout de trois mois. J'en ai assez des gens qui prennent le poste puis s'en vont, parce que travailler le dimanche, ce n'est pas drôle, et que pour Noël et le jour de l'an, ils aimeraient bien être libres aussi… », etc. Cela tombe plutôt bien : moi, ça ne me dérange pas ! Aussi je lui réponds : « Écoutez, j'ai trois ans d'études à faire. Je suis boursier, et ce poste me permettrait de poursuivre mes études en toute sérénité. Je vous fais la promesse suivante : si j'ai le poste, vous êtes tranquille pendant trois ans, car je ne partirai pas. Vous n'aurez pas de recrutement à faire pendant les trois prochaines années, je vous le promets. »

Je dois avoir l'air convaincant, car elle me regarde fixement pour savoir si je suis sincère. Je le suis vraiment. Elle me dit alors qu'elle en parlera à la direction, et que je n'ai qu'à l'appeler dans quarante-huit heures pour avoir une réponse. J'appelle, comme convenu, pour m'entendre dire que j'étais pris ! J'ai bien sûr tenu ma promesse trois ans durant…

En conclusion, posez-vous systématiquement la question suivante : quel est le problème de la personne qui est en face de moi, et comment puis-je le régler ? Cette méthode est très utile… surtout s'il s'agit d'un client !

Bien sûr, cet exemple peut vous sembler anodin, mais il fait partie

des « mini-évènements » qui, accumulés, constituent « l'expérience ». Il y a toujours quelque chose à tirer de ce qui vous
surprend, vous fait rire, vous enrage ou vous fait de la peine. Et
quand on démarre dans la vie, les « petits » boulots sont un véritable réservoir d'anecdotes de ce type. Selon moi, il n'y a pas de
meilleure formation au monde du travail que ces « jobs » !

**Demandez-vous : quel est le problème de la personne qui
est en face de moi, et comment puis-je le régler ?**

Les stages

Les stages sont, de mon point de vue, moins formateurs. Ils permettent bien sûr un contact avec le monde du travail et, à ce
titre-là, ils ne doivent pas être méprisés. Cependant, ils offrent un
« cocon protecteur » avec statut de stagiaire, convention de stage
et tout le toutim, qui ne forme pas à la dure réalité… Et puis, ils
ne font pas sortir du cursus choisi : dans un sens, c'est logique,
mais ils n'ouvrent pas l'esprit à un autre domaine. Cela dit, il ne
faut pas les condamner : en tant que stagiaire, autant essayer de
tirer de cette expérience un maximum de profit.

Comment procéder ? Comme pour les petits boulots, essayez de
savoir précisément ce qu'on attend de vous. Ne vous prenez pas
pour le futur cadre de la boîte qui sait déjà tout, parce qu'il a « fait
des études et appris dans les livres ». Vous n'avez pas à expliquer
à ceux qui sont là depuis un certain temps la « bonne » façon de
faire.

Non. Écoutez, questionnez, sympathisez avec votre entourage.
Vous êtes là pour apprendre. Faites consciencieusement le travail
que l'on vous demande, soyez curieux sans être dérangeant, et tout
devrait bien se passer. Vous verrez, vous apprendrez beaucoup.

À ce sujet, voici une anecdote : un jour, je donnais une conférence devant un parterre d'étudiants à la chambre de commerce de Paris (ils étaient cent quatre-vingts environ). Au petit jeu des questions-réponses, un étudiant lève la main et demande : « Je suis en train de chercher un stage. Quels sont mes droits ? » Sa question me laisse pantois. Le ton de l'étudiant est assez agressif (il signifie « Le patron qui va m'exploiter n'est pas encore né ! »), et sa posture avachie m'en dit long sur sa motivation. Je lui ai fait la réponse suivante, presque mot pour mot :

« Cher Monsieur, il faut que vous sachiez deux choses :

- premièrement, personne ne vous attend, dans aucune entreprise ;

- deuxièmement, si vous trouvez un stage – ce que je vous souhaite sincèrement –, et si on vous demande de faire le café, tâchez qu'il soit bon. On vous confiera peut-être alors des missions plus importantes. »

J'ai pris conscience de la dureté de mes paroles en les prononçant. Toutefois, je ne renie pas ce que j'ai dit. Ce garçon manquait d'humilité, une attitude pourtant nécessaire pour apprendre des autres.

Une dernière anecdote sur le sujet : une relation professionnelle me demande un jour un stage d'été pour le fils d'une de ses secrétaires, un garçon d'environ dix-sept ans, encore au lycée. C'était possible et j'accepte. Je ne savais pas alors quoi lui confier, mais je me dis que je verrais bien. La personne me remercie et ajoute : « Essayez de lui trouver un boulot intéressant. » Cette précision m'a énervé. J'ai immédiatement répondu, pas forcément de manière très aimable, qu'« il n'y avait pas des boulots intéressants et d'autres inintéressants, mais des boulots auxquels on s'intéressait », que « dans une entreprise, le travail commence le matin à six heures par le ménage et se termine le soir à vingt-deux heures par le ménage et qu'entre les deux, il y a une multitude de tâches à effectuer » et enfin que « je verrai ce dont ce garçon sera capable » !

Mon interlocuteur s'est excusé, et j'ai pris le garçon en stage. Après quelques tentatives pour lui confier une mission tranquille de classement, nous nous sommes aperçus que nous avions affaire à un paresseux fini : nous l'avons donc installé dans un bureau avec un ordinateur et des jeux vidéo. Allez rendre service !

Le cas du salarié en poste

Stages et « petits » boulots sont, en principe, des attributs d'étudiants, des moyens pour eux de côtoyer le monde de l'entreprise et du travail et, accessoirement, (encore que…) gagner un peu d'argent.

Si en tant que salarié en poste, vous êtes désireux de créer votre propre entreprise, votre expérience du monde du travail n'est pas à faire. Vous vivez dans l'univers de l'entreprise tous les jours. Vous devrez en revanche apprendre ce qui n'est pas de votre compétence professionnelle pure. Un commercial devra par exemple s'intéresser à la gestion, au droit, voire au management. À l'inverse, un financier devra comprendre la notion de client, apprendre le commerce, le marketing, la publicité…

Un chef d'entreprise est avant tout un généraliste. Il doit à peu près tout comprendre, sans pour autant être aussi spécialisé que ceux qui l'entourent.

Ce fameux talent à savoir s'entourer fait les grands patrons. Vous devez donc être curieux de tous les rouages de l'entreprise et les comprendre. Car votre mission à vous, chef d'entreprise, c'est d'organiser tout ça.

Jeune ingénieur en place dans une société de promotion immobilière et chargé des problèmes techniques (coordination et suivi de chantiers), je me suis beaucoup intéressé aux problèmes commerciaux : les campagnes de publicité, la commercialisation des programmes, les livraisons aux clients, autant de services qui étaient considérés par mes collègues « techniques » comme secondaires. Or, j'étais déjà convaincu à cette époque qu'il n'existait pas de postes secondaires dans une entreprise : tous ont leur importance.

Le cas des chômeurs et des bénéficiaires du RSA

Loin de moi l'idée que l'on puisse régler le problème du chômage en demandant à tous les chômeurs de créer leur propre entreprise (de même qu'il serait stupide de le demander à tous les étudiants). La création d'une entreprise est une affaire personnelle, initiée par des motivations qui ne sont pas forcément les mêmes pour tout le monde, et tant mieux.

Toutefois, si vous êtes au chômage ou si vous touchez le RSA (anciennement le RMI), vous pouvez avoir envie de monter votre propre société. L'affaire n'est pas simple, car vous pouvez être exclu des circuits bancaires traditionnels et avoir perdu le contact avec le monde du travail.

Je ne peux que vous recommander une association : l'ADIE (Association pour le Droit à l'Initiative Économique). Créée en 1989 par une femme remarquable, Maria Nowak, qui en assure la présidence, cette association aide et finance par un système de micro-crédits des projets émanant de chômeurs ou de bénéficiaires du RSA.

À ce jour, l'ADIE a aidé à la création de plus de 61 000 entreprises, généré 73 000 emplois grâce à plus de 76 000 crédits octroyés. Vous trouverez plus d'informations sur leur site Internet, qui est très bien fait (www.adie.org).

Avoir une idée

Vous n'avez pas encore d'idée

Que vais-je bien pouvoir inventer ? Quelle idée pourrais-je bien trouver ? Et « géniale » de préférence ! Cette question revient très souvent à l'esprit de ceux qui veulent se lancer (rencontrés lors de mes différentes interventions dans les écoles ou les chambres de commerce).

Je répondrais tout d'abord qu'il n'est pas forcément nécessaire de trouver l'idée du siècle pour démarrer. Se mettre à son compte en tant qu'artisan, ouvrir un commerce, un restaurant ou créer une agence de publicité sont autant de possibilités qui ne relèvent pas de l'idée originale. Vous pouvez aussi reprendre une affaire existante qui vous intéresse et que vous voulez manager et développer selon votre idée. Enfin, vous avez peut-être trouvé un moyen d'améliorer quelque chose qui existe déjà et, ainsi, la matière nécessaire à faire émerger l'idée motrice d'une entreprise à créer.

Et puis, sincèrement, qu'est-ce qu'une « bonne idée » ? Combien d'idées ont l'air bonnes à première vue quand on en parle autour de soi, et s'avèrent des échecs dès leur réalisation !

Ce qui fait la valeur d'une idée, c'est sa *réalisation*.

L'idée géniale « intrinsèquement » n'existe pas. Elle « devient » géniale dès lors que nous la mettons en œuvre et que les résultats dépassent nos espérances.

Alors, comment mettre la main sur une idée intéressante ? Je n'ai pas de méthode à vous proposer, juste quelques pistes.

Observez

Regardez les gens autour de vous : observez-les, écoutez-les. Analysez leurs réactions sur des articles existants et décodez leurs critiques. Quand ils reprochent quelque chose à un produit, faites-les parler et développer leur problème pour voir si une solution pourrait y être apportée. Comment eux verraient-ils le produit ? Ayez vos oreilles et vos yeux grands ouverts pour « capter » ce qui pourrait entraîner une réflexion un peu plus poussée.

Cette méthode n'est pas évidente et ne fournit pas de résultat immédiat, mais en la pratiquant régulièrement, on s'aperçoit qu'il y a une multitude d'éléments inadaptés dans les produits de consommation. Bien sûr, ce n'est pas parce que vous aurez fait la liste des problèmes que vous trouverez les solutions adéquates, mais cela donne à réfléchir. Qui sait, peut-être trouverez-vous l'idée du siècle ?

Observez les gens autour de vous, écoutez leurs critiques des produits existants

Avez-vous une fois au moins mis les pieds à la foire de Paris, au concours Lépine, véritable salon des inventeurs ? Je vous conseille de le faire. Cette visite est riche d'enseignements et souvent drôle. Certains sont là pour commercialiser leur(s) produit(s), d'autres pour trouver un entrepreneur que leur idée intéresse. Allez-y, vous ne perdrez pas votre temps.

Cherchez les « manques »

Pensez aussi à vous observer. En effet, je suis persuadé que vous vous dites parfois « c'est drôle, ça n'existe pas », à propos d'un produit ou d'un service correspondant à un besoin que vous avez : c'est ce qu'on appelle un *manque*. Si ce manque est partagé par de nombreuses personnes, alors il y a peut-être matière à creuser. Dans ce cas, imaginez le produit ou le service qui vous conviendrait, et amusez-vous à tester votre idée sur votre entourage.

Ce test de l'entourage n'a bien sûr pas une grande valeur scientifique, mais il va vous aider à réfléchir davantage à votre idée. Vous entendrez des approbations et des critiques, et vous constaterez que les avis partent souvent dans tous les sens. Vous devrez décoder, comprendre entre les mots, et… synthétiser. N'essayez pas non plus de convaincre à tout prix : expliquez ce que vous voulez faire et ÉCOUTEZ.

Essayez de repérer les « manques », ces produits qui pourraient répondre à des besoins actuels et qui n'existent pas.

Dans ce genre d'expérience, pour vous prémunir des critiques négatives que vous subirez, ayez toujours en tête cette merveilleuse phrase attribuée au président américain Franklin Roosevelt :

« Quand quelqu'un veut faire quelque chose, il a toujours contre lui :

- ceux qui veulent faire la même chose ;
- ceux qui veulent faire le contraire ;
- et l'immense majorité de ceux qui ne font rien. »

Conclusion : ne vous découragez pas. Quand j'ai lancé *De Particulier à Particulier* en 1975, la phrase la plus encourageante que j'ai entendue à l'époque a été : « Vous n'avez pas grand-chose à perdre ! » Alors…

> ✎ Nota
>
> *De Particulier à Particulier* est né d'un manque. Aucun journal n'existait alors pour que les particuliers traitent directement entre eux leurs transactions immobilières… Nous étions tout bêtement en train de chercher un logement, ma compagne et moi, lorsque ce manque nous est apparu.

Partez de l'une de vos passions

Vous pouvez aussi partir de ce qui vous passionne (un hobby, un sport, un jeu), ou encore d'un talent qu'on vous reconnaît, quel qu'il soit ! L'avantage de cette démarche est que vous êtes forcément compétent sur le sujet, puisqu'il vous intéresse vraiment.

J'ai par exemple acheté un jour un livre de photos qui retrace l'histoire des fusées Ariane (j'étais à Kourou pour assister au décollage d'Ariane 5 justement) : beau livre, belles photos, textes pédagogiques. Une petite biographie de l'auteur m'apprend que celui-ci est en fait un photographe passionné et qu'il a décidé de créer sa propre maison d'édition pour publier des livres sur des sujets divers largement illustrés de photographies. Rien d'extraordinaire *a priori*, sauf qu'il est devenu (entre autres) un des photographes attitrés de la base de lancement de Kourou, du Centre spatial guyanais et du Centre national d'études spatiales ! À ce titre, il a ses entrées sur des sites extrêmement surveillés, ce qui lui donne la possibilité d'obtenir des images exceptionnelles. Sa passion est devenue « entreprise ».

J'ai toujours imaginé que celui qui a inventé le snowboard était un fou de ski, qui un jour, pas forcément à jeun, a décidé de faire du ski sur une planche qui traînait là, pour épater ses copains...

La planche à voile, le parapente, le char à voile, le skateboard... sont issus de passions de sportifs. Les jeux vidéo sont créés par des accros des consoles, qui imaginent à leur tour d'autres types de jeux ou de consoles et créent leur propre entreprise. Cela dit, il est vrai que dans ce domaine, le marché est maintenant un peu encombré, mais trouvez autre chose !

L'essentiel, c'est de considérer que ce qui vous passionne et qui n'est pour vous *a priori* qu'une activité de loisir, *peut* devenir une profession, voire l'activité de votre future entreprise. Le gros avantage de cette démarche est que vous pourrez travailler des heures et des heures sans jamais avoir l'impression de vraiment travailler... Idéal, non ?

La phrase qui tue

« Si c'était une bonne idée, ça existerait déjà ! » Voilà la phrase la plus stupide que je connaisse, et que ne l'ai-je trop souvent entendue ! Elle est typique de ceux qui ne créent rien et qui d'ailleurs ne cherchent pas à le faire. À les entendre, tout a déjà été trouvé, et ce n'est pas la peine de chercher plus avant. Pire, cette phrase insinue que vous n'êtes sans doute pas assez intelligent pour créer quelque chose qui n'existe pas encore.

Fuyez ceux qui pensent que « Si c'était une bonne idée, ça existerait déjà ! »

À l'inverse, je me méfie particulièrement des idées qui recueillent l'approbation générale avant même d'être mises en œuvre ! Je ne sais pas pourquoi, mais cela me rend soupçonneux, un peu comme les études de marché (nous en reparlerons plus loin).

> Je me souviens d'un monsieur que j'avais rencontré au concours Lépine je crois. Il avait inventé un appareil à ramasser les boules de pétanque sans se baisser ! Il s'agissait d'une tige d'un mètre de longueur environ, munie d'un mécanisme qui permettait de saisir la boule au sol tout en restant debout. Trouvant l'idée amusante, mais sans plus, je la rapporte à plusieurs personnes. Curieusement, les réactions sont unanimes : « c'est génial », « c'est vraiment malin », etc. Oui, cependant, je n'en ai pas vu beaucoup depuis sur les terrains de pétanque de Paris, de Marseille ou de Saint-Tropez !

Si d'aventure vous en apercevez, écrivez-moi : je réécrirai ce paragraphe !

Faites autrement

Une autre manière de procéder pour trouver une idée consiste à raisonner *autrement,* à imaginer comment certaines choses pourraient se faire différemment. Notre vie est remplie d'habitudes, de réflexes dont nous ne sommes pas toujours conscients et que nous ne remettons pas en cause.

Ainsi, dans une entreprise, quand un problème se pose, on cherche une solution parmi *ce qui se fait habituellement.* Or il est souvent très intéressant d'*oublier* ce qui se fait, justement, et de chercher une autre solution, quitte à reprendre le problème d'une manière plus globale. La démarche n'est pas simple, et elle est parfois inefficace. Dans ce cas, la solution traditionnelle s'impose. En revanche, quand on trouve une solution originale, quel plaisir !

On cherche habituellement une solution connue, au lieu d'innover.

Voici quelques exemples de solutions intelligentes.

Un jour, assis en attendant un train dans une gare, j'observe les gens et leurs bagages. Je constate qu'aujourd'hui toutes les valises ont des roulettes (et même certains sacs à dos). Je me dis alors qu'un jour, quelqu'un a eu l'idée de mettre des roulettes aux valises pour moins se fatiguer à les porter, mais surtout, je constate que cette idée a fortement évolué. La solution initiale consistait à mettre des roulettes aux valises avec une petite poignée devant pour les tirer. Or, on s'aperçoit rapidement que ce type de valise possède un gros défaut : elle bascule au moindre virage. Alors est née l'idée encore meilleure de placer les roulettes sur la plus grande dimension de la valise et d'équiper celle-ci d'une longue poignée rigide et télescopique. Avec cette solution au moins, la valise est stable ! Et, désormais, vous ne voyez quasiment plus que cela dans les gares et les aéroports.

Tout le monde connaît l'enseigne IKEA. Quand en 1956, M. Ingvar Kamprad décide de concevoir des meubles qui peuvent être conditionnés en paquets plats, il a l'idée du siècle : faire monter ses meubles par ses propres clients ! (L'histoire raconte que c'est en enlevant les pieds d'une table pour la transporter dans une voiture que l'idée lui est venue.) Vous ne trouvez pas qu'il fallait avoir du culot pour oser un truc pareil ? Et quels avantages pour la société : moins de volume, un stockage moins encombrant, un transport facilité, moins de casse… Les clients bénéficient quant à eux de prix moins chers et d'achats faciles à transporter. Le meuble en kit est né.

À une tout autre échelle, le restaurateur qui a eu le premier l'idée de proposer du vin au verre pour accompagner un repas, au lieu de la traditionnelle bouteille de 75 cl pour toute la table, a été très créatif : chacun peut choisir le vin qui lui convient (rouge ou blanc) et en plus… la marge est meilleure !

Des idées comme ça, qui ont changé nos habitudes, il en existe des milliers. Amusez-vous à les repérer autour de vous et bien sûr, trouvez la vôtre !

Vous avez déjà une idée : l'étude de marché

Vous avez déjà une idée, et vous voudriez savoir si elle est bonne et si elle a des chances d'avoir du succès. En fait, vous aimeriez vous rassurer un peu, ce qui est normal. Vous allez donc tout naturellement chercher à « rationaliser » votre démarche, à la rendre « intelligente ». Et ce sera d'autant plus bénéfique, voire indispensable, que votre idée n'est qu'une intuition ; vous savez, ce sentiment que « cela devrait marcher, il n'y a pas de raison que cela ne fonctionne pas ». Notre culture est rationnelle, les raisonnements qui nous paraissent logiques nous donnent une impression de certitude, de vérité.

Pour tenter de rationaliser votre démarche, l'étude de marché semble incontournable.

L'exercice est intéressant, vous allez faire de nombreuses découvertes, bonnes ou mauvaises. Néanmoins, et tous les chefs d'entreprise vous le diront, l'idéal est un astucieux mélange de raison et d'intuition.

Cela étant dit, pour « valider » votre idée, l'une des méthodes le plus souvent enseignées et conseillées aux futurs chefs d'entreprise est l'*étude de marché*. Elle occupe toujours un chapitre dans la plupart des ouvrages spécialisés dans la création d'entreprise. Il est de bon ton en effet, avant de se lancer dans l'aventure, de valider l'intérêt du produit ou du service que l'on veut commercialiser par une étude de marché. Admettons.

Qu'est-ce qu'une étude de marché ?

Une étude de marché est la recherche la plus objective possible de l'existence et de la taille d'un marché supposé. Supposé par qui ? Par vous en l'occurrence. Vous avez l'intuition, la conviction même parfois, que votre produit ou votre service correspond à un besoin.

Cependant, vous voulez en être sûr, et connaître si possible le nombre de personnes qui seraient susceptibles de devenir des clients. Attention toutefois : quelle que soit la manière dont vous vous y prendrez, jamais une étude de marché ne vous donnera la certitude que votre idée est bonne.

Le problème des études de marché, c'est que vous pouvez leur faire dire ce que vous avez envie d'entendre !

Prenons l'exemple d'un fabricant de chaussures français qui veut savoir s'il y a un marché de la chaussure au cœur de l'Afrique noire. Il envoie deux chargés d'étude sur place, en leur donnant pour mission de lui fournir un rapport sur le sujet. Le premier revient et lui dit : « Vous n'avez aucune chance de vous implanter là-bas : ils ne portent pas de chaussures ! » À son retour, le deuxième lui annonce : « Le marché est gigantesque ! Il y a tout à faire, rendez-vous compte : ils ne portent pas de chaussures ! » Quelle décision prendriez-vous ?

Voici maintenant une histoire vécue. Un homme décide un jour de créer un journal de petites annonces d'offres d'emploi. Se pose immédiatement la question du tirage et, par conséquent, du nombre d'acheteurs potentiels de cette nouvelle publication. Notre homme fait une estimation rapide : le nombre de chômeurs étant cette année-là de 1 800 000, si seul un chômeur sur dix achète le journal, cela fait 180 000 acheteurs potentiels, sans compter tous ceux qui ne sont pas au chômage, mais qui aimeraient néanmoins changer d'emploi. Il arrondit son chiffre à 200 000. Par prudence, il décide de n'en tirer « que » 100 000. Il n'en vendra jamais plus de 3 000 et s'arrêtera au troisième numéro.

Vous pensez certainement que ces exemples sont caricaturaux. J'en conviens, mais méfiez-vous : vous pouvez, par passion ou par conviction, être aveuglé et ne pas voir ce que votre bon sens vous aurait normalement permis de détecter. Malgré tout, de grandes idées sont parfois nées de l'obstination et de la ténacité de leurs auteurs…

Comment la réaliser ?

Le premier conseil que je peux vous donner, c'est de réaliser vous-même votre étude de marché, tout seul. Évitez, en effet, de la confier à une société spécialisée. Vous ne serez pour eux qu'un petit client et vous n'aurez ni le poids ni l'expérience pour obtenir une étude vraiment sérieuse. Non, faites-la vous-même : en glanant des statistiques (dans les livres, sur Internet…) ; en questionnant vos proches, votre famille, vos amis, etc. ; en observant les gens, leurs comportements ; en les questionnant eux aussi, pourquoi pas ? Tout dépend bien sûr de votre produit ou de votre service. Sélectionnez avec soin votre échantillonnage de personnes (jeunes/seniors, actifs/inactifs, hommes/femmes) : correspond-il au public que vous visez ?

Réalisez vous-même votre étude de marché.

Surtout, restez lucide et honnête : ne considérez pas les réponses qui vous gênent comme des idioties, et celles qui vous arrangent comme des preuves. Sachez décoder les avis que vous recevez. Ce n'est pas simple. Et surtout, l'étude de marché n'est pas une science exacte !

Posez les bonnes questions

Pour obtenir des réponses crédibles, utilisables pour votre étude, non seulement vous devez poser les bonnes questions, mais vous devez aussi le faire de la bonne manière. Ce n'est pas toujours évident…

Ainsi, déjeunant un jour chez un restaurateur que je connais bien, je commande un nouveau plat qu'il a mis à la carte depuis une semaine. Il me demande de donner mon avis. Je trouve le plat plutôt bon, mais pas non plus génial, et je le lui dis. « C'est curieux, s'étonne-t-il, les clients le trouvent *vraiment* bon. » Ah bon. Sceptique, je lui demande de me préciser comment il obtient ce *satisfecit* quasi unanime. Il me répond que quand il leur pose la question classique « Ça a été ? », tous répondent « Très bien. » Évidemment !

Je lui explique que le moyen le plus efficace d'obtenir un avis sincère est de ne pas poser de question. Si le client dit spontanément qu'il a trouvé le plat très bon, on peut lui faire confiance. Et quand un plat est bon dans un restaurant, il y a toujours au moins une personne qui le dira spontanément (*idem* si un plat est tout particulièrement mauvais). En revanche, dans le cas d'un plat moyen, peu de clients s'expriment, et si on leur demande leur avis, ils risquent fort d'émettre une réponse neutre ou orientée par la question. Le « Ça a été ? » induit une réponse plutôt positive, un peu comme le fameux « Comment allez-vous ? » appelle un « Bien, merci, et vous ? », au lieu du plus sincère « Mal, très mal », suivi de la description de tous les malheurs de la terre. Pour la suite de l'anecdote, le plat fut effectivement reconnu comme moyen et remplacé par un autre un mois plus tard.

Ainsi donc, posez vos questions sans orienter votre interlocuteur vers une réponse. Des questions anodines peuvent aussi permettre de décoder les réponses fournies à d'autres questions, la même question posée différemment peut donner des réponses différentes, etc. N'oubliez pas non plus ce qui a été dit plus haut : la vérité réside dans un astucieux mélange de raison et d'intuition.

Un peu de gestion

Je n'ai nullement l'ambition de vous faire, dans ce chapitre, un cours de gestion. Le sujet est vaste, parfois complexe, et fait appel à la comptabilité, à la fiscalité et au droit. C'est dire si, dans bien des cas, nous sommes loin du commerce « de base ». De nombreux ouvrages traitent, et fort bien, de tout ce qui concerne la gestion des entreprises. Je vous y renvoie bien évidemment. Toutefois, leur côté très technique, très pointu, abstrait parfois, peut dérouter le futur créateur d'entreprise que vous êtes. D'autant que, dans un souci d'exhaustivité, ces ouvrages s'avèrent complets et concernent le plus souvent la gestion des grosses entreprises qui, vous vous en doutez bien, sont à cent lieues des problèmes de gestion que vous rencontrerez. Ayez donc ces ouvrages à portée de main, pour approfondir une notion, comprendre ce que disent ou demandent votre banquier et votre comptable. Pour ma part, je vous parlerai ici de gestion de bon sens, avec des mots de tous les jours.

La comptabilité

Tenir une comptabilité est une obligation légale (ne pas le faire vous expose à de lourdes sanctions). Vous aurez donc nécessairement besoin d'un comptable ou d'un cabinet comptable extérieur. Son travail va consister à mettre en forme les flux financiers de votre entreprise pour aboutir principalement à deux documents : le *bilan* et le *compte de résultat*.

Tenir une comptabilité est une obligation légale, très réglementée. Ne vous lancez pas vous-même dans cette tâche.

La présentation de ces documents est parfaitement codifiée et réglementée. Seul un spécialiste (votre comptable) a les compétences requises pour s'en acquitter. Ne vous lancez pas vous-même dans cette tâche, et ce pour deux raisons : la première, vous ferez des bêtises ; la seconde, vous avez mieux à faire, notamment aller chercher des clients. En effet, il vaut mieux avoir de nombreux clients et un peu de retard sur la tenue de vos comptes, qu'une belle comptabilité parfaitement à jour sans aucun client ! Ceci étant dit, il faut bien comprendre que la comptabilité enregistre tous les mouvements financiers de votre entreprise une fois que ceux-ci sont réalisés. Ce n'est ni plus ni moins qu'une chambre d'enregistrement de tous vos actes passés ; elle intervient donc *après coup*.

Comptabilité et gestion

Bon nombre de créateurs et de chefs d'entreprise se reposent sur leur comptable pour la gestion de leur affaire. Grave erreur !

En effet, la comptabilité est la mise en forme chiffrée du

fonctionnement global de votre entreprise. Précise et minutieuse, elle obéit à certaines règles administratives et enregistre tout dans les moindres détails : la comptabilité *constate* et prend son temps pour le faire.

En gestion, c'est le contraire : on commence par *anticiper* le fonctionnement global de l'entreprise, et ensuite on *constate le plus rapidement possible* les conséquences des décisions prises. Si vous attendez que votre comptable ait tout enregistré pour analyser le fonctionnement de votre entreprise, vous risquez de courir au désastre, car vous découvrirez un peu tard – parfois *trop* tard – d'éventuels dysfonctionnements importants.

Il vous faut donc créer vos propres outils de gestion, les plus simples possibles et facilement utilisables pour *piloter* votre entreprise. Ces outils ne sont pas forcément comptables ou financiers mais doivent correspondre à des éléments fondamentaux de la vie de votre entreprise que vous allez déterminer.

Pour ma part, j'ai toutes les semaines, sur mon bureau le nombre d'annonces reçues, le chiffre d'affaires correspondant et la progression par rapport à l'année précédente ; de même un président de chaîne de télévision a, tous les matins, sur son bureau les audiences des émissions diffusées la veille et le chiffre d'affaires publicitaire; un restaurateur aura, le soir même, la recette de la journée, le nombre de couverts et le prix moyen d'une addition, etc.

En rapprochant ces chiffres des dépenses correspondantes que vous avez globalement estimées, vous savez où vous en êtes. C'est de cette manière que vous devez gérer votre entreprise et, si vous vous y prenez bien, vous verrez, vous serez en avance sur votre comptable !

Vous n'avez pas forcément besoin d'une très grande précision, juste d'une bonne vision globale des évènements et d'un chiffrage approximatif de ce qui se passe. Ainsi, vous pouvez rapidement infléchir ou accentuer une décision, avant même que votre comptable ait reçu ou émis les factures correspondantes. Sa comptabilité viendra après coup confirmer ou infirmer ce que vous aviez à peu près imaginé. Si elle confirme vos prévisions, vous êtes un bon gestionnaire ; sinon, remettez-vous en cause !

Enfin, quand votre entreprise aura quelques années d'existence, servez-vous de la comptabilité passée pour mettre au point des outils de gestion encore plus performants.

Quelques définitions

Le *capital* d'une société est l'argent que les actionnaires fournissent pour qu'elle fonctionne. Cette somme doit donc être utilisée pour faire tourner l'entreprise. Le capital est divisé en *parts* (ou en *actions* suivant le type d'entreprise) ; sa valeur divisée par le nombre de parts (ou d'actions) donne la *valeur nominale* d'une part (ou d'une action).

> ♀ Remarque
>
> Le capital n'est pas comme beaucoup le croient une somme bloquée dans une banque, à laquelle il ne faut pas toucher. Je ne sais pas d'où vient cette idée, sans doute du fait que, au moment de la création de l'entreprise, le capital doit être déposé dans une banque et bloqué quelques jours jusqu'à l'obtention du fameux Kbis attestant de l'immatriculation de la société au registre du commerce !

Les *produits* correspondent à l'argent qui *doit rentrer* dans l'entreprise et qui résulte de son activité. Généralement, ce sont les factures que vous émettez pour les produits ou les services que vous avez vendus : on les appelle les *produits d'exploitation*. D'autres produits moins importants existent, en particulier les *produits financiers* (le résultat de vos placements) et les *produits exceptionnels* (par exemple les dommages et intérêts gagnés lors d'un procès).

Les *charges* correspondent à l'argent qui *doit sortir* de l'entreprise pour que celle-ci fonctionne. Comme pour les produits, il existe les *charges d'exploitation* (salaires, charges sociales, loyers, achats de marchandises, amortissements…), les *charges financières* (intérêts de vos emprunts) et les *charges exceptionnelles* (comme leur nom l'indique, des dépenses imprévisibles : réparation d'une voiture de société accidentée, contrôle fiscal…).

Une *charge fixe* est une charge constante, quel que soit votre chiffre d'affaires (loyer, amortissement du matériel, la plupart des salaires…). *A contrario*, une *charge variable* est une charge qui dépend de votre chiffre d'affaires (achats de matières premières, rémunération des commerciaux s'ils sont commissionnés…).

Les *recettes* qualifient l'argent qui *est réellement rentré* dans l'entreprise. Un produit devient une recette dès lors que le paiement a été effectué.

Les *dépenses* qualifient l'argent qui *est réellement sorti* de l'entreprise. Une charge devient une dépense dès lors que le paiement a été perçu.

> 🐾 Nota
>
> Dans la pratique, on n'emploie qu'un seul mot pour désigner l'argent qui rentre ou qui va rentrer : *produit* ou *recette*. De même, pour l'argent qui sort ou qui va sortir, on emploie indifféremment le mot *charge* ou *dépense*. Voilà sans doute ce qui génère bien souvent la confusion entre les notions d'exploitation et de trésorerie.

L'*exploitation* de votre entreprise est consignée dans un compte appelé *compte de résultat* ou *compte d'exploitation*, qui enregistre les produits et les charges de votre entreprise. La différence entre les deux donne un *résultat*, d'où son nom.

La *trésorerie* est consignée dans un compte appelé *compte de trésorerie*, qui enregistre les recettes et les dépenses de votre entreprise. Il en résulte un solde appelé *solde de trésorerie*.

Lisez et relisez ces définitions. Vous constaterez qu'on peut faire un compte de résultat de l'entreprise uniquement grâce aux factures émises ou reçues, *que celles-ci aient été réglées ou non* : le règlement d'une facture n'a rien à voir avec le compte de résultat, donc avec l'exploitation. En revanche, il affecte le compte de trésorerie.

Exploitation et trésorerie

J'insiste tout particulièrement sur ces deux notions, qui sont de mon point de vue *les deux plus importantes* à maîtriser pour gérer son entreprise. Ne les confondez pas, vous vous exposeriez à de graves déconvenues. En effet, ce n'est pas parce que vous avez de l'argent sur le compte bancaire de votre entreprise que celle-ci fait des bénéfices ! Inversement, ce n'est pas parce que vous manquez d'argent sur ledit compte que votre entreprise perd de l'argent…

Le compte d'exploitation enregistre les produits et les charges au moment de leur facturation.

Au risque de me répéter, le compte d'exploitation enregistre les produits et les charges au moment de leur *facturation*. Le compte de trésorerie, lui, enregistre les recettes et les dépenses correspondantes, au moment de leur *paiement*. Ainsi le compte d'exploitation est *hors taxes* ; le compte de trésorerie est *toutes taxes comprises*.

Vous allez me dire : « À un moment, mis à part la TVA, les deux comptes se rejoignent ! » Oui et non. L'entreprise se développe à un rythme qui peut ne pas être régulier, linéaire. Ainsi, face à une accélération brutale du nombre de commandes, la trésorerie peut être mise à mal, car il faut la plupart du temps financer ces commandes. On appelle cela une *crise de croissance*. Certaines entreprises ne s'en remettent pas, aussi curieux que cela puisse paraître…

Le plan de trésorerie, enregistre les recettes et les dépenses correspondantes, au moment de leur paiement.

Et puis, quelquefois, sans que les rythmes de commercialisation, ne soient en cause, tout se complique :

- un client vous appelle pour vous dire qu'il a des difficultés de trésorerie, et vous lui accordez un mois de plus pour payer (vous arrangez son problème, mais vous compliquez le vôtre) ;
- un fournisseur vous demande un paiement comptant, parce qu'il ne vous connaît pas encore, et vous ne pouvez pas refuser parce que vous avez vraiment besoin de sa marchandise (cela n'arrange pas vos comptes) ;
- ce fameux client, qui vous avait demandé un mois de plus pour payer, dépose soudain son bilan, et il y a de fortes chances pour que la somme qu'il vous devait soit définitivement perdue.

À l'inverse, il arrive que les clients paient comptant. C'est le cas de nombreux petits commerces, de grandes surfaces ou d'autres activités grand public. L'argent rentre vite et vous payez vos fournisseurs avec un délai de quarante-cinq jours : la conséquence est que votre trésorerie est confortable, mais qu'elle ne vous renseigne pas du tout sur votre compte d'exploitation.

Que conclure de tout ça ? Que les deux approches sont *complémentaires* et *qu'elles ne disent pas la même chose.*

▶ Le compte d'exploitation prévisionnel annuel

D'une manière générale, et si vous devez prévoir le développement de votre entreprise, commencez par faire un *compte d'exploitation prévisionnel annuel*. Dans ce compte d'exploitation, vous allez enregistrer les produits et les charges que vous prévoyez sur la période considérée. Faites-le *hors taxes*. En effet, la TVA est neutre dans le compte d'exploitation, puisque vous reversez à l'État la différence entre la TVA que vous percevez de vos clients et celle que vous payez à vos fournisseurs.

Ce compte d'exploitation vous donnera sur l'année la perte ou le bénéfice réalisé par votre société. N'oubliez pas d'y inscrire les intérêts des éventuels crédits que vous envisagez de souscrire : ils sont en effet considérés comme une charge. Vous pouvez faire ce travail de prévision sur un, deux, trois ans ou plus. Faites le mois par mois, cette méthode étant la plus courante et la plus pratique. Attention cependant, ce travail est fastidieux, et vous aurez sans doute le réflexe d'utiliser un logiciel comme Excel qui fait les calculs à votre place. Ainsi, vous n'avez plus qu'à rentrer des données de base, puis des incrémentations mensuelles, et vous obtenez un magnifique compte d'exploitation prévisionnel.

Personnellement, je me méfie de cette méthode qui vous fait perdre le contact avec la réalité. En changeant un simple paramètre, ô miracle, l'entreprise est bénéficiaire. Que de *comptes d'exploitation prévisionnels* ridicules j'ai rencontrés dans ma vie… Méfiance donc ! Utilisez le tableur pour faire automatiquement les additions et soustractions d'un mois donné (utilisation verticale) mais évitez de vous en servir pour calculer l'avenir à partir de données initiales (utilisation horizontale) et préférez l'estimation de vos recettes et de vos dépenses, mois par mois, par vous même.

▶ Le compte de trésorerie prévisionnel (ou plan de trésorerie)

Dès que votre *compte d'exploitation prévisionnel* est prêt, élaborez votre *compte de trésorerie prévisionnel,* ou *plan de trésorerie.* Pour cela, partez de votre compte d'exploitation prévisionnel et « faites-le vivre ». Vous allez introduire la TVA car là, en termes de rentrées et sorties de liquidités, elle compte. Elle concerne les factures que vous émettez et que vous recevez. Ensuite, enregistrez les dépenses et les recettes correspondant aux charges et aux produits de votre compte d'exploitation prévisionnel, aux remboursements de vos crédits éventuels, à la date à laquelle vous pensez que le paiement ou l'encaissement se fera. Pour être complet, ajoutez une ligne « Reversement TVA ».

Pour élaborer votre plan de trésorerie, mettez votre entreprise en situation réelle et notez tous les mouvements financiers générés par votre activité.

Par exemple, vous reverserez à l'État au mois d'octobre la différence entre la TVA que vous aurez encaissée de vos clients en septembre et celle que vous aurez versée à vos fournisseurs en septembre, et ainsi de suite. Vous reversez donc la TVA le mois qui suit sa perception. Dans certains cas, (petites entreprises, reversement de TVA annuellement faible...) celle-ci peut être reversée trimestriellement.

En un mot, vous mettez votre entreprise en situation réelle et vous notez tous les mouvements financiers générés par votre activité.

Chaque mois fera ainsi apparaître un solde de trésorerie. Si celui-ci est positif, pas de problème. En revanche si celui-ci est négatif, c'est que vous avez besoin, ce mois là, d'argent pour couvrir ce solde négatif. C'est ce qu'on appelle un besoin en trésorerie. C'est en quelque sorte l'argent dont vous avez besoin pour ne jamais être à découvert à la banque !

Le compte de trésorerie prévisionnel va vous servir, lors du lancement de votre entreprise à déterminer votre besoin de financement. Ce besoin de financement n'est ni plus ni moins que le besoin de trésorerie nécessaire au lancement de votre entreprise. (voir le chapitre *Le financement*, page 73).

Le point mort (ou seuil de rentabilité)

Le point mort est le chiffre d'affaires (annuel ou mensuel, mais généralement mensuel) en dessous duquel votre entreprise perd de l'argent. Il s'agit donc d'un chiffre d'affaires minimum annuel à réaliser. Votre compte d'exploitation prévisionnel vous permet de l'entrevoir. En effet, au début de son activité, votre entreprise perd *a priori* de l'argent tous les mois. Puis, le chiffre d'affaires augmentant, elle se met à un moment à en gagner : vous venez de passer le point mort. Comment le calculer ? C'est très simple.

Il suffit de se dire que le point mort est le chiffre d'affaires qu'il faut réaliser pour payer les charges fixes et les charges variables. Ainsi :

Point mort = Charges fixes + Charges variables

Une autre manière d'appréhender votre seuil de rentabilité est de connaître votre marge sur charges variable. Dans ce cas, votre point mort est atteint lorsque la marge sur charges variables couvre les frais fixes.

En somme, au point mort, votre entreprise ne gagne ni ne perd de l'argent : vous êtes à l'équilibre.

Les amortissements

L'amortissement se caractérise par le fait qu'une dépense d'investissement effectuée à un moment donné ne peut pas être déduite en totalité sur l'exercice en cours. Il est en effet comptablement obligatoire de prendre en compte la durée de vie probable du matériel acheté et de répartir le montant de cet achat sur la durée considérée.

Si vous achetez un ordinateur en pensant qu'il va durer cinq ans, vous décidez de l'*amortir sur cinq ans*.

Cela signifie que vous ne noterez en charges sur l'exercice en cours que le cinquième du prix d'achat.

Les amortissements sont donc une ligne que vous devez intégrer à votre compte d'exploitation prévisionnel pour être le plus possible en phase avec les comptes que votre comptable éditera à la fin de l'exercice.

Penchons-nous de plus près sur la question. Vous devez par exemple acheter pour 10 000 € de mobilier de bureau et de matériel informatique. Vous avez ainsi estimé l'investissement minimum nécessaire pour démarrer votre affaire, et vous avez décidé de payer « cash ».

Vous estimez que vos achats devraient durer cinq ans avant d'être renouvelés. Vous allez donc étaler la charge que représentent ces 10 000 € sur cinq ans, ce qui représente 2 000 € par an, soit 170 € par mois (j'arrondis) pendant cinq ans.

Dans votre compte d'exploitation prévisionnel, vous allez donc inscrire tous les mois en charge, dans une ligne que vous appellerez « Amortissements », la somme de 170 €, et ce, pendant soixante mois.

En revanche, dans votre plan de trésorerie, vous allez inscrire dès le premier mois d'activité, en sortie (vous avez payé cash), la somme de 12 000 € (j'ai ajouté la TVA et j'ai arrondi le tout) et 0 € les mois suivants.

Considérons maintenant le même cas de figure que précédemment, en imaginant que vous avez pris un crédit de 10 000 € auprès de votre banque pour financer l'opération. Qu'est-ce que cela change ?

Et bien, c'est la même chose que ci-dessus, sauf qu'au niveau de votre compte d'exploitation prévisionnel, il faudrait ajouter, en *charge*, une ligne « Intérêts bancaires » dans laquelle vous mettrez les intérêts (*et uniquement les intérêts*) que vous devrez verser tous les mois à votre banque (ils figurent sur vos mensualités de remboursement). Dans votre plan de trésorerie, il faudrait ajouter, en *recettes*, les 10 000 € que la banque vous a prêtés, et en *dépenses*, tous les mois et jusqu'à la fin de votre prêt, le montant de vos remboursements mensuels.

Ainsi, vous constaterez que vous avez *un peu* pénalisé votre compte d'exploitation (les intérêts) pour *plus de confort* en trésorerie (étalement du paiement). Il est très important de comprendre cela, car votre trésorerie peut être directement affectée. En effet, dans le compte d'exploitation prévisionnel de votre *business plan*, vous ne noterez en charge que 2 000 €, alors que dans votre plan de trésorerie, vous noterez une sortie d'argent de 10 000 € si vous avez payé votre ordinateur cash. Cela change tout ! On voit ici l'intérêt d'avoir parfois recours à un crédit bancaire pour soulager la trésorerie.

La gestion proprement dite

Il convient tout d'abord de rappeler une évidence : dans une entreprise, ou bien l'argent *entre* (*produits/recettes*) ou bien il *sort* (*charges/dépenses*). La différence entre ces deux mouvements doit être positive. Ainsi, au risque de passer pour un dangereux simplificateur, 80 % de votre gestion sera consacrée à résoudre cette équation fondamentale :

Produits – Charges > 0

Cela paraît évident écrit comme ça ! Néanmoins, j'ai vu tellement de chefs d'entreprise triturer leurs comptes pour faire croire (et se convaincre) que leur entreprise gagnait de l'argent ou allait en gagner, que je ne peux m'empêcher d'insister sur ce point : *vous devez obtenir plus d'entrées d'argent que de sorties.* Soit vous développez votre clientèle, soit vous réduisez vos frais, mais vous n'avez pas d'autre choix possible.

Vous devez obtenir plus d'entrées d'argent que de sorties.

Les quatre équations fondamentales de votre entreprise

▸ Résultat d'exploitation négatif + solde de trésorerie négatif = grand danger !

Votre trésorerie est négative, vous avez donc besoin d'argent frais. Votre banque (sous forme de crédits ou de facilités de caisse[1]) et vos associés (sous forme d'apports en compte courant) peuvent vous fournir des solutions. Prudence cependant, votre trésorerie

---

1. Découvert autorisé, plus ou moins accordé par écrit, vous permettant de passer les périodes délicates.

ne s'améliorera dans le temps que si votre résultat d'exploitation devient positif. Sinon, c'est la fuite en avant, et vous aggraverez votre situation. Vous êtes en danger, à moins que cette situation ne soit parfaitement conforme à votre *business plan*.

▸ Résultat d'exploitation négatif + solde de trésorerie positif = danger !

Cela peut vous sembler rassurant que votre trésorerie soit positive, mais il y a tout de même un danger : votre exploitation étant déficitaire, elle va progressivement affaiblir votre trésorerie jusqu'au jour où celle-ci deviendra négative. Et vous vous retrouverez dans le cas de figure précédent. Vous devez donc rapidement rendre l'exploitation de votre société bénéficiaire.

▸ Résultat d'exploitation positif + solde de trésorerie négatif = ça se règle

Vous manquez d'argent. Ce n'est pas très confortable, mais votre exploitation étant bénéficiaire, la situation ira en s'améliorant. Vous êtes ainsi dans une situation relativement crédible pour demander à votre banque ou à vos associés un coup de main passager.

▸ Résultat d'exploitation positif + solde de trésorerie positif = le bonheur

Vous avez de la trésorerie et votre exploitation génère des profits. Que demande le peuple ? Continuez ainsi !

La comptabilité analytique

La comptabilité analytique, c'est un peu la bouteille à l'encre, l'auberge espagnole de la comptabilité d'une entreprise. Tout le monde s'en gargarise, s'en revendique. L'expression « sonne » bien et fait sérieux.

Le principe est simple : en comptabilité analytique, on essaie d'affecter aux différents produits ou services vendus les recettes et les dépenses qui s'y rapportent. Ce n'est pas plus compliqué que ça. La comptabilité analytique doit permettre de détecter les produits ou services rentables et ceux qui le sont moins, voire de repérer des niches de pertes. En fait, il s'agit de tenir une mini-comptabilité par *produit*.

En théorie, cela paraît simple. Pourtant tout se complique rapidement, par exemple quand un salarié travaille sur plusieurs produits à la fois. Par ailleurs, comment répartir le loyer, l'eau, le gaz, le téléphone ? Et la standardiste, où l'affecter ? Et vous-même, comment répartir votre rémunération ? Une réflexion de ce genre est toujours très instructive, dès lors qu'elle est faite honnêtement. Je précise *honnêtement*, car nous avons parfois tendance à ne pas trop imputer de charges à un produit ou service que nous souhaitons conserver, ou au contraire à trop le « charger » si inconsciemment nous voulons nous en débarrasser.

En comptabilité analytique, on essaie d'affecter aux différents produits ou services vendus les recettes et les dépenses qui s'y rapportent.

Une règle simple, arbitraire et imparable consiste par exemple à ventiler un certain nombre de charges fixes au *prorata* du chiffre d'affaires généré par chacun des produits ou services vendus. Ainsi en sera-t-il du loyer, du salaire de la standardiste et du comptable, des amortissements en matériel de bureau, etc. Vous pouvez toutefois décider de considérer que telle activité occupe plus d'espace qu'une autre et que sa part de loyer sera proportionnelle à la surface occupée. Ou que la standardiste passe plus de temps à réceptionner les commandes de tel produit et donc que son salaire sera plus lourdement supporté par lui. Tout est ainsi à l'avenant : c'est vous qui décidez des affectations, aucune règle autre que le bon sens ne prévaut.

Il est un raisonnement aussi que vous pouvez faire et qui provoque bien souvent des polémiques au sein des directions d'entreprise : le raisonnement *en creux*. Je m'explique : vous avez décidé de lancer un nouveau produit et au bout d'un an, vous examinez la situation pour savoir si ce produit est rentable ou pas. Analytiquement, vous lui attribuez un pourcentage de frais fixes, comme nous l'avons vu ci-dessus, et vous découvrez que ce produit n'est pas rentable. Vous pouvez raisonnablement penser qu'il faut l'arrêter. Faites cependant le raisonnement suivant : si j'arrête ce produit, mon loyer sera le même, ma standardiste sera payée pareil, mon comptable aura le même salaire et moi aussi ! Donc je n'économiserai pas les sommes que j'ai imputées à mon produit. Refaites alors le calcul en enlevant tout ce que vous n'économiseriez pas si vous l'arrêtiez : imputez-lui uniquement les frais qu'il génère. Peut-être alors est-il rentable ? En fait, il s'agit juste de savoir si sa perte est inférieure à sa participation dans les frais fixes de l'entreprise. Si tel est le cas, le continuer semble une bonne décision. À vous de trancher...

En guise de conclusion

Vous pouvez vous contenter d'une première règle simple : gérer une entreprise, c'est dépenser moins que les recettes.

Un peu simpliste, me direz-vous. Peut-être, mais si toutes les entreprises obéissaient à cette règle, convenez avec moi qu'il n'y aurait pas de problèmes. La simple observation de cette règle implique et confirme ce qui est dit tout au long de ce livre : concentrez-vous sur vos clients (donc votre chiffre d'affaires).

Gérer une entreprise, c'est dépenser moins que les recettes et optimiser ses flux financiers.

Dès que cette règle est respectée, vous pouvez faire de la gestion un peu plus élaborée :

- *placer* (même momentanément, et surtout sans risques) vos excédents de trésorerie ;
- *investir* pour faire croître votre entreprise à une vitesse compatible avec ses résultats financiers, ni trop vite (risque d'affaiblissement de la trésorerie, et de dégradation du suivi client), ni trop lentement (concurrents plus rapides, d'où une perte de clients, et donc de parts de marché) ;
- *gérer de l'endettement* : celui-ci peut en effet être nécessaire pour investir justement et développer votre entreprise.

Vous pourrez alors adopter cette deuxième règle : gérer une entreprise, c'est *optimiser* ses flux financiers.

Le business model

Le *business model* est la manière dont va fonctionner votre entreprise. En traduction littérale, *business model* signifie « modèle économique » ou « modèle commercial ». Définir un *business model* consiste donc à expliquer les mécanismes commerciaux qui vont développer le chiffre d'affaires de votre entreprise. Vous allez définir l'« équation financière » de votre entreprise, celle qui lui permet de payer ses charges et au bout du compte de gagner de l'argent. Le *business model* répond donc aux questions : qu'est-ce que je vends, à qui, et comment ? c'est-à-dire, selon quel modèle de rentabilité ?

L'analyse d'une idée ou d'un projet débute par la définition du *business model*. Elle vous permettra d'apercevoir déjà la faisabilité ou la non-faisabilité de votre projet.

Nous allons examiner quelques *business models* classiques, puis des exemples précis, notamment dans le secteur des services.

> Le *business model* répond aux questions : qu'est-ce que je vends ? à qui ? et selon quel modèle de rentabilité ?

Les différents types de *business model*

Le *business model* de production

Je fabrique, je vends.

C'est le *business model* des entreprises qui *fabriquent* des produits et les *commercialisent* en gros ou au détail, qu'elles soient industrielles ou artisanales, grosses ou petites.

Ce type d'entreprise gagne de l'argent en produisant *le moins cher possible* et en vendant *le plus cher possible*. Rien de péjoratif là-dedans : produire le moins cher possible ne veut pas dire sous-payer le personnel ou fabriquer n'importe quoi. Il s'agit simplement de faire attention aux coûts, notamment aux achats de matières premières, et d'optimiser les circuits de décision, de fabrication et de commercialisation. Vendre le plus cher possible sous-entend une bonne connaissance de son marché et bien évidemment de son environnement concurrentiel.

Le *business model* de négoce

J'achète, je revends.

Ce *business model* est celui de tous les magasins de détail ou presque. On *achète sur un marché de grossistes* (au prix de gros) et on *vend au détail*. On gagne de l'argent en faisant « une marge ».

Imaginons que vous vendiez des vêtements. Si, quand vous achetez un blouson 100 €, vous le revendez 220 €, votre marge est de 120 € (ou encore de 2,2, car vous multipliez votre prix d'achat par 2,2). La *marge* est la différence entre le prix d'achat (prix de gros) et le prix de vente (prix public) d'un article.

Il est possible qu'on vous dise que la marge est de 2,2 dans l'habillement et de 3 dans la restauration (ce sont des exemples). Cela signifie que dans ces secteurs, les coefficients qui ressortent *en moyenne* sont respectivement de 2,2 et de 3. Vous pourriez alors être tenté d'appliquer automatiquement la marge connue du secteur de votre activité à vos produits ou services, et pourtant ce serait une erreur.

En effet, si, dans un restaurant (prenons 3 comme marge moyenne du secteur de la restauration), le prix de revient d'une entrée est de 1 € et qu'on pense pouvoir la vendre 7,50 €, il ne faut pas hésiter (marge de 7,5 !). En revanche, le homard grillé, dont le prix de revient est de 12 €, ne peut guère dépasser 29 € à la carte (marge de 2,4). Vous constatez cependant que dans un cas, on gagne 6,50 €, et dans l'autre 17 € !

Une petite marge ne signifie pas pour autant un petit gain, et inversement.

En conclusion :
* la marge peut être différente d'un produit à l'autre ;
* elle doit rester un *choix personnel* lié à la politique commerciale.

Le *business model* des services

Je vends du service.

Cette notion de service est assez large, elle recouvre toutes les professions, qui à un titre ou à un autre offrent un service, accessoirement couplé à une vente de produits.

Les professions de ce secteur sont donc nombreuses et variées. En effet, ce secteur est celui qui est le plus en expansion dans notre société.

Ainsi se côtoient les régies publicitaires, les livraisons de pizzas à domicile, les journaux de petites annonces, les salons de coiffure, les compagnies d'assurances, les garages, les aides à la personne, les hôtels, les banques, les teintureries, les sociétés de coursiers…

Le *business model* de matière grise

Je vends de la matière grise et du temps.

L'essentiel des professions libérales mais aussi, des sociétés de conseil, des auditeurs, des experts, etc. rentre dans cette catégorie.

Plus les recherches et les analyses concernent des sujets complexes et pointus, nécessitant des connaissances approfondies ou une riche expérience, plus elles sont facturées un prix important. Si de plus, elles prennent du temps, cela peut être très rentable. Les gros cabinets d'audit, d'expertises comptable et financière fonctionnent sur ce modèle. Il n'est pas rare qu'en plus, elles soient commissionnées sur certaines opérations.

Le *business model* de la franchise

Vous avez bien sûr entendu parler de la *franchise*. Elle concerne en grande majorité des secteurs comme la distribution ou les services. L'idée de base, c'est d'être nombreux à commercialiser, sous une même marque donnée, un produit ou un service, avec à la clé deux avantages :

- l'ensemble des frais de communication, ainsi que certains frais de gestion ou de formation, sont répartis sur un grand nombre d'intervenants et reviennent donc moins cher pour chacun ;
- la visibilité de la marque, due aux nombreux adhérents, crée une notoriété qui profite à tout le monde.

Dans une franchise, il y a donc deux intervenants : le *franchiseur* et le *franchisé*.

▶ Le *business model* du franchiseur

Le franchiseur possède la marque et un savoir-faire qu'il a généralement testé. Il veut développer son chiffre d'affaires rapidement. Il va donc s'entourer de franchisés, à qui il va demander dans la plupart des cas :

- un droit d'entrée ;
- des royalties sur le chiffre d'affaires ;
- une redevance de fonctionnement ;
- une redevance publicitaire.

Il peut, en outre, exiger de la part du franchisé un apport person-nel ou un investissement minimum et lui imposer une charte, une décoration, des fournisseurs, une centrale d'achat et d'autres choses encore.

Le *business model* du franchiseur est donc : *je commercialise ma marque et mon savoir-faire, moyennant le paiement par mes fran-chisés d'un droit d'entrée, de royalties et de diverses redevances. Je m'engage de mon côté à assurer la publicité de ma marque et à four-nir l'assistance technique, commerciale et administrative nécessaire à tous mes franchisés.*

▸ Le *business model* du franchisé

C'est celui d'un commerçant ou d'une entreprise classique, qui vend et trouve ses clients. Le franchisé a tout simplement signé un accord avec un franchiseur, qui lui permet immédiatement de représenter une marque ayant déjà une certaine notoriété. Il n'a pas à s'occuper de la publicité, et bénéficie d'une assistance tech-nique, commerciale et administrative. Il peut ainsi se consacrer exclusivement au développement de son entreprise.

Le *business model* des capital-risqueurs

Le *business model* des capital-risqueurs (incubateurs de start-up, holdings et autres) est le suivant :

- *je prends des participations dans des sociétés en voie de création, nouvellement créées ou anciennes, mais avec une perspective de développement ;*

- *je les accompagne un certain temps ;*
- *j'aide à leur croissance ;*
- *je ressors quelques années plus tard de ces sociétés en revendant ma participation et en faisant autant que faire se peut une plus-value.*

Bien évidemment, ce genre d'activité nécessite des capitaux et ne correspond pas au sujet de cet ouvrage qui ne concerne que l'aspect *création d'entreprise*. Néanmoins, connaître le *business model* de ces sociétés vous aidera lorsque nous aborderons le problème du financement de votre entreprise (voir le chapitre *Le financement*, page 73).

D'une manière générale, les *business models* de la plupart des sociétés sont des mélanges astucieusement combinés des *business models* précédemment cités. On vend des produits (que l'on fabrique ou pas), de la matière grise et du temps, sous une forme ou sous une autre. Des exemples illustreront mieux la diversité des *business models* qui peuvent être créés.

Quelques exemples de business models

La restauration

Le *business model* est évident : *j'achète des produits, je les cuisine, je les sers.*

Je fais globalement une marge suffisante pour payer le loyer, le personnel et les frais généraux. Voilà *a priori* un concept à la portée de tous ceux qui savent et aiment cuisiner. *A priori* seulement. En effet, pour avoir eu une petite expérience dans ce domaine, la restauration est beaucoup plus un art de *recevoir* qu'un art de *cuisiner*.

Il existe de nombreux bons cuisiniers, mais tous ne savent pas recevoir. Je pense qu'un restaurant, c'est 40 % de cuisine et 60 % d'ambiance. Donc, et même si vous ne savez pas cuisiner, vous pouvez vous lancer dans la restauration : en créant un concept, une formule, une ambiance… (Il vous faudra quand même engager un cuisinier, c'est la moindre des choses).

Ainsi, au-delà de la simple fourniture de nourriture élaborée à partir de produits achetés en gros, le *business model* est aussi la « vente » d'une certaine ambiance, qui fera ou non le succès du restaurant.

Les agences de publicité

Les agences de publicité sont les intermédiaires entre les *annonceurs* et les *supports publicitaires* :

* un *annonceur* est une société qui a besoin de se faire connaître auprès d'une clientèle donnée ;
* un *support publicitaire* est un média qui va véhiculer la publicité d'un annonceur (affiches, radios, journaux, télévision…).

Une agence de publicité va donc intervenir pour le compte d'un annonceur et s'occuper de tout ou partie de la réflexion stratégique, de la création et de l'achat d'espace auprès des supports publicitaires.

L'agence de publicité vend essentiellement de la matière grise, et un peu de service, dans la mesure où elle coordonne tous les intervenants du processus publicitaire : imprimeurs, graphistes, comédiens, producteurs de films… Elle se rémunérera en facturant à l'annonceur des honoraires calculés en fonction du temps passé, de la qualité de la création, du budget d'achat d'espace, etc.

La presse gratuite

Examinons le *business model* de la presse gratuite. Il s'agit de journaux, tirés à un très grand nombre d'exemplaires, placés dans des présentoirs situés dans des zones de chalandise et offerts gratuitement à qui veut bien se servir. À l'intérieur, on y trouve des petites annonces et de la publicité.

Ces deux éléments sont payants et doivent couvrir les frais d'impression et de distribution du journal. En réalité, l'essentiel des recettes provient des publicités : les petites annonces ne constituent que le « rédactionnel » de ce type de journaux, car elles intéressent les lecteurs. Elles sont d'ailleurs vendues bon marché (pour qu'il y en ait beaucoup) et parfois, en cas de manque, certaines repassent même gratuitement pour combler les trous. Elles « habillent » les différentes publicités qui composent ce type de presse.

Le *business model* de ce secteur est donc : *vendre des espaces publicitaires (et accessoirement des petites annonces) dans un journal qui sera distribué gratuitement, en grande quantité pour rendre les publicités efficaces et rentables pour les annonceurs.* Ce type de presse peut être qualifié de *support publicitaire.*

La presse payante

Au contraire de la presse gratuite, la presse payante est vendue en kiosque et chez les marchands de journaux. Le *business model* se différencie du précédent dans la mesure où :

* il y a une recette due à la vente du journal ;
* la diffusion est ciblée sur une clientèle qui a pour centre d'intérêt les articles traités dans le journal.

En revanche, la publicité est aussi présente, et dans la plupart des cas, les recettes qui en découlent sont loin d'être négligeables. Ainsi, le *business model* de la presse payante ressemble à celui de la presse gratuite, et la plupart des magazines que vous pouvez trouver en kiosque s'appellent aussi des *supports publicitaires*. Néanmoins, certaines publications ont très peu, voire aucune publicité. Elles ne tirent leurs revenus que de la vente en kiosque ou de leurs abonnements, et leur *business model* n'a plus rien à voir avec celui de la presse gratuite : ce sont alors de « vrais » journaux, entièrement financés par leurs lecteurs. C'est le cas des revues de défense des consommateurs (*Que choisir, 60 millions de consommateurs*), mais aussi du *Canard enchaîné*, par exemple.

Le cas du journal *De Particulier à Particulier*

De Particulier à Particulier a été créé en 1975 sur une idée simple : permettre aux particuliers de traiter directement entre eux toutes leurs transactions immobilières, sans passer par un intermédiaire, et d'économiser ainsi la commission d'agence.

Le *business model* initialement retenu était le suivant :

- le journal était payant en kiosque et chez les marchands de journaux ;
- les annonces des particuliers étaient gratuites ;
- la publicité (pour des entreprises de déménagement, de rénovation, de décoration…) devait financer l'ensemble.

Ce *business model* n'a pas fonctionné. Très vite, il apparut que la publicité « polluait » le journal. Ce dernier était en effet perçu par les lecteurs comme un véritable trait d'union entre des particuliers désireux de se passer des intermédiaires et d'économiser de l'argent. La présence de publicités leur semblait incohérente, voire agressive, un peu comme si *Que Choisir* ou *60 millions de consommateurs* en comportaient…

Le succès était donc total, mais le *business model* ne fonctionnait pas. En revanche, les particuliers qui passaient des annonces étaient prêts à payer une petite somme pour insérer leur texte. Cette solution fut rapidement mise en place et la réussite se poursuivit. La publicité fut reléguée à un rôle mineur, devenant une sorte de cerise sur le gâteau dans le chiffre d'affaires de l'entreprise.

Le *business model* avait complètement changé !

La morale de cette histoire est que si, très vite, vous vous apercevez que votre *business model* ne fonctionne pas, il ne faut pas hésiter à en changer. Ne pas confondre ténacité et entêtement !

Le Minitel

C'est (c'était !) le *business model* ultra-simple par excellence, un *business model* de rêve. Le principe : *vous disposez d'une base de données. À l'aide d'un serveur, vous la mettez en ligne sur un réseau (Transpac) auquel peut se connecter toute personne disposant d'un terminal (le Minitel) via le réseau téléphonique.* Vous pouvez aussi utiliser votre serveur pour gérer des données fournies par les particuliers eux-mêmes et créer ainsi des salons où l'on cause. *Vous êtes rémunéré par France Télécom en fonction du trafic que vous générez et du palier de tarif que vous avez choisi.*

Ce modèle a vraiment produit des chiffres d'affaires importants dans les années quatre-vingt-dix, mais s'est littéralement effondré par la suite, avec l'arrivée d'Internet et sa réputation de gratuité.

C'était la belle époque ; Internet a tout bouleversé.

Internet

Internet n'est pas exactement un exemple de *business model.* Ca n'est pas une entreprise, ça n'appartient à personne. C'est plutôt un outil. Voire un média.

Cela dit, Internet est un fabuleux accélérateur de *business models* existants, et un exceptionnel outil pour nouveaux *business models.*

Citons entre autres :

- La vente par correspondance : *www.amazon.fr* (vente de livres, musiques et films en ligne), *www.aquarelle.com* (vente de fleurs en ligne), *www.fragrance.net*, (vente de parfums en ligne). L'ordinateur a remplacé la boutique.

- La vente par micro-paiements d'informations (sous forme d'abonnement) ou de fichiers (sous forme de vente unique).

- Les petites annonces : *www.pap.fr* en est l'exemple type. Depuis la fin des années 1990, *De Particulier à Particulier* dispose de son site (pap.fr) qui désormais assure 80% de l'arrivée des petites annonces avec paiement en ligne et génère plus de 8 millions de visites mensuelles de particuliers. Le *business model* est le même qu'au début, mais les canaux de diffusion ont changé !

- Et, bien sûr, les recettes publicitaires, comme sur tout média digne de ce nom.

Internet a définitivement pris son essor et correspond véritablement à une révolution des comportements, au même titre que le téléphone portable. Il y a dans ce secteur une multitude d'idées à trouver, de comportements à changer et donc de sociétés à créer.

Une histoire d'écrans plasma

Un entrepreneur eut l'idée *de proposer à des chaînes de magasins de s'équiper d'écrans plasma pour y faire la promotion de certains articles et doper ainsi leurs ventes.* Un logiciel permettait de diffuser la même information au même moment dans tous les magasins de la chaîne. Le *business model* était simple : vendre des écrans plasma aux chaînes de magasins.

Imaginez, dans un réseau de parfumeries par exemple, des écrans plasma qui reprendraient le spot de publicité d'un produit donné, programmé à la télévision, dans chaque magasin.

L'idée était séduisante, et d'ailleurs elle séduit, sauf que les magasins concernés répugnèrent à investir dans le matériel. Ils proposèrent autre chose : que la société leur installe gratuitement le matériel et qu'elle vende de la publicité à leurs fournisseurs, qui doperaient ainsi leurs ventes et donc celles du magasin. De vendeur de matériel que l'entrepreneur pensait être, il devenait régisseur publicitaire ! Ce n'était pas tout à fait le même métier, et de plus, l'investissement était colossal. L'entreprise n'a jamais vu le jour…

En conclusion

Des milliers d'exemples peuvent être ainsi listés. Et comme vous pouvez le constater, la démarche est toujours la même : qu'est-ce que je vends et comment ? En un mot, comment mon entreprise va-t-elle fonctionner ? Faites correctement ce travail en amont, et le reste s'enchaînera normalement tout seul. En revanche, si certains éléments sont bancals ou flous à ce stade, il y a de grandes chances pour que votre projet ne soit pas viable.

Le business plan

Le *business plan* est la traduction chiffrée de votre business model. Faire un business plan, consiste à faire « vivre » un business model dans le temps, en tenant compte le plus possible de tous les paramètres susceptibles d'influencer le déroulement du projet : saisonnalité du produit, influence des vacances scolaires, de la météo, de la conjoncture... Bien sûr, tous ces paramètres ne sont pas forcément maîtrisables ni prévisibles, aussi faut-il faire des hypothèses. En général, on se place dans trois sortes d'hypothèses : une pessimiste, une normale et une optimiste.

Il s'agit ainsi d'un scénario que vous allez mettre en scène, comme pour un film. C'est donc un vrai travail d'imagination qui se doit d'être lucide, réaliste et plein de bon sens : vous allez imaginer le fonctionnement de votre entreprise au quotidien, sans omettre les détails. Ensuite, une fois le scénario écrit, vous le chiffrez et vous obtenez le *business plan*.

Un business plan *est un scénario chiffré.*

Pourquoi faire un business plan ?

Pour deux raisons essentielles :

- *la première* : savoir où vous allez et valider ce que vous « sentez ». Cette raison est à usage personnel et n'aura de sens que si vous le faites avec lucidité, réalisme et bon sens, comme nous l'avons dit plus haut. Ce travail de réflexion et d'imagination de « ce qui va se passer dès que vous allez vous lancer » va vous permettre de clarifier vos idées, de définir une stratégie, de vous assigner des objectifs ;

- *la seconde* : obtenir des financements. Si vous devez convaincre des tiers d'investir dans votre entreprise, il est nécessaire que vous leur montriez un *business plan*, sur lequel ils vous poseront obligatoirement des questions. Pour qu'ils vous financent, il faut qu'ils croient, presque autant que vous, à votre projet. Soyez donc incollable sur votre *business plan*.

> Nota
>
> Vous pourriez avoir pour réflexe de « doper » votre *business plan* pour faire rêver vos éventuels investisseurs et mieux les convaincre. À mon avis, vous feriez une erreur, du moins si vous vous inscrivez dans un projet à long terme, car si après vous avoir fait confiance, vos investisseurs s'aperçoivent que vous leur avez vendu du vent, vous serez définitivement grillé. Selon un de mes amis, associé d'un grand cabinet d'audit, « le *business plan* est un outil de *pilotage* et non de *pipotage* » !

Le *business plan* type

Le *business plan* idéal est composé de trois parties.

La première partie doit expliquer l'activité que vous allez lancer. Pour cela, mettez-vous à la place de ceux qui prendront connaissance de votre *business plan*, et dites-vous qu'ils ne connaissent pas votre activité, son marché, ses usages, son *business model*. Vous devez donc tout leur expliquer, de la manière la plus synthétique possible (évitez les trop longues explications techniques), pour qu'ils comprennent l'intérêt de votre démarche. Passez en revue des questions comme « Qui sont vos clients ? », « Quelle est votre concurrence ? », « Qu'apportez-vous de plus que les autres ? », etc.

La première partie du *business plan* doit expliquer l'activité que vous allez lancer.

Il s'agit donc d'une partie assez littéraire, descriptive, destinée à introduire votre sujet. Évitez la langue de bois, les phrases creuses qui « sonnent bien » ; montrez que vous avez le sens pratique et un esprit de synthèse, que vous savez distinguer l'essentiel de l'accessoire. Soyez aussi vivant : vous devez intéresser vos futurs lecteurs.

La deuxième partie fait état des moyens que vous allez mettre en œuvre pour réaliser vos objectifs : moyens en hommes (nombre, fonction, organisation interne), moyens en matériel, moyens en communication. Il s'agit donc d'une partie mi-littéraire, mi-chiffrée. En effet, en regard de chaque moyen mis en œuvre, vous indiquez ce qu'il coûte : salaires des personnes, coût du matériel, budget de communication... Vous décrivez et listez tout ce qui constituera votre future entreprise.

La deuxième partie fait état des moyens que vous allez mettre en œuvre pour réaliser vos objectifs et de leur coût.

Là encore faites preuve de bon sens. Ne tombez pas dans le piège de la superstructure qui consiste à nommer autant de directeurs que de services, ce qui finit par faire ressembler votre entreprise à une armée mexicaine ! Directeur général, directeur du personnel, directeur commercial, directeur de la communication, directeur

administratif et financier… Cette organisation-là se constitue
« après », quand l'entreprise est lancée, que le projet semble tenir
la route, que la quantité de travail a été répartie et que votre entreprise a atteint une certaine taille.

La troisième partie se compose traditionnellement de tableaux
explicitant le *compte d'exploitation* et le *plan de trésorerie* (voir à
ce sujet le chapitre *Un peu de gestion*, page 37). Ces comptes sont
réalisés mois par mois, sur une durée maximum de trois ans. Au-
delà, l'estimation relève de la boule de cristal et n'est plus crédible. Cette partie totalement chiffrée est donc une projection dans
le temps. Si les deux premières parties sont parfaitement réglées,
la troisième coule de source.

La troisième partie se compose de tableaux explicitant le
compte d'exploitation et le plan de trésorerie.

On a coutume de dire qu'un *business plan* se construit « par le bas et
non par le haut ». « Raisonner par le haut », c'est dire par exemple :
mon marché représente 50 millions d'euros et j'envisage de conquérir
10% de ce marché en deux ans. Mon chiffre d'affaires sera donc de
5 millions d'euros dans deux ans, ce qui représente 200 000 € par
mois. Une telle approche est complètement irréaliste !.

En revanche, faîtes plutôt le raisonnement suivant : j'engage un commercial qui va prospecter par téléphone sur un fichier de 3 000 noms
de sociétés qui me semblent être des clients potentiels. Mon commercial peut passer X coups de téléphone par jour, obtenir Y rendez-vous
et signer Z contrats. Il doit pouvoir ainsi générer mensuellement tel
chiffre d'affaires, etc. Voilà ce que signifie « raisonner par le bas » :
c'est se mettre véritablement en situation réelle.

Un petit mot sur la notion de prix

Avant de parler du compte d'exploitation prévisionnel de votre
entreprise, qui fera partie de la troisième partie de votre *business*

plan, parlons un peu de la notion de *prix*. Comment fixer le prix de vente d'un produit ou d'un service ? Quels sont les critères ? Les références ? La méthode ?

La fixation d'un prix de vente est d'abord et avant tout une affaire de psychologie.

La question à vous poser est la suivante : quel prix un client est-il prêt à payer pour se procurer mon produit ou mon service ? La réponse à cette question dépend de votre produit (ou service), du pouvoir d'achat de vos clients potentiels et de la concurrence. Une fois ce prix fixé, vérifiez s'il est compatible avec vos coûts et si la marge dégagée est suffisante.

Il est en effet un peu stupide de faire l'inverse, c'est-à-dire de partir des coûts, d'appliquer une marge et d'en déduire un prix de vente. On se prive généralement dans ce cas-là d'une marge bien plus importante, générée simplement par le fait que les clients potentiels accepteraient en réalité de payer plus cher le produit ou le service que vous leur vendez.

Ajoutez à cela le fait qu'un prix élevé fournit parfois une crédibilité au produit, ce qui facilite donc sa vente. Les fameux adages « c'est plus cher, donc c'est mieux » ou encore « si on veut de la qualité, il faut y mettre le prix » sont toujours d'actualité !

Compte d'exploitation et plan de trésorerie dans le *business plan*

Compte d'exploitation et plan de trésorerie vont constituer la troisième partie de votre *business plan*. Ces deux documents très importants doivent être parfaitement cohérents l'un avec l'autre. Les questions qu'ils soulèvent sont cependant différentes selon qu'il s'agit des prévisions d'exploitation ou des prévisions de trésorerie.

Concernant l'exploitation, les questions à vous poser sont : mois par mois, quel chiffre d'affaires vais-je réaliser et quelles dépenses vais-je engager pour faire tourner mon entreprise ? En clair, si vous prévoyez de vendre un produit ou une prestation à un client en mars, vous inscrivez dans la colonne « Mars/produits » le montant hors taxes correspondant à votre vente. De même, si pour réaliser cette vente, vous prévoyez d'engager des dépenses au cours du même mois, vous les inscrivez alors en hors taxes dans la colonne « Mars/charges ».

Vous effectuez cette opération mois par mois tout au long de la période que vous avez choisi d'expliciter, vous additionnez vos recettes et vos dépenses, et vous obtenez un magnifique *compte d'exploitation prévisionnel mensuel.*

Concernant la trésorerie, les questions sont différentes. Vous devez intégrer dans le compte d'exploitation précédemment cité la notion d'*entrée* et de *sortie d'argent.* En effet, le chiffre d'affaires que vous avez inscrit dans la colonne « Mars/produits » de l'exemple précédent ne vous sera peut-être payé que deux mois plus tard avec une TVA. Il faut donc l'inscrire dans votre tableau de trésorerie dans la colonne « Mai/recettes » *avec* la TVA. Il en sera de même pour les dépenses que vous avez engagées, car vous ne les paierez peut-être que un, deux ou trois mois plus tard, et avec la TVA là aussi. Les salaires eux, bien sûr, se paient comptant, mais les charges sociales se paient soit par trimestre si votre entreprise a moins de dix salariés, soit tous les mois sinon.

Ces deux tableaux sont donc totalement liés entre eux, le tableau de trésorerie découlant mécaniquement du tableau d'exploitation. Outre le fait qu'ils permettent d'expliquer à d'éventuels investisseurs l'aspect financier de votre projet, ils vous serviront de véritables « tableaux de bord ». Ainsi, et tout au long du lancement de votre entreprise, vous saurez si vous êtes dans conforme à vos prévisions et rectifier le tir si besoin est.

Le compte d'exploitation et le plan de trésorerie établis pour le *business plan* vous serviront de véritables « tableaux de bord » par la suite.

Pour plus d'informations sur le *compte d'exploitation* et le *plan de trésorerie*, je vous renvoie au chapitre *Un peu de gestion*.

Pour avoir vu dans de nombreux projets des *business plan*s comportant à la ligne « Recettes » des recettes qui n'en étaient pas, il convient de mettre les choses au clair. Dans les recettes, apparaissent *exclusivement* les sommes d'argent générées par vos *ventes*. À ces sommes peuvent éventuellement s'ajouter les quelques subventions que vous avez pu obtenir ici et là, mais en vous assurant bien, auparavant, que celles-ci sont bien des dons et non des crédits. Sont donc exclus des recettes les crédits bancaires que vous avez négociés, les comptes courants d'associés s'ils existent et toutes les sommes d'argent que vous pourriez récolter pour financer votre projet. Le capital de votre société, par exemple, n'est pas une recette !

Quelques conseils

Arrondissez les sommes que vous inscrivez dans votre *business plan* ! Rien n'est plus désagréable que d'étudier un *business plan* dont les chiffres ont la précision de l'euro, quand ce n'est pas du centime d'euro ! D'abord parce que vous êtes dans des projections et que vous raisonnez sur des masses approximatives, cette précision n'a donc aucun sens. Ensuite parce qu'elle rend votre *business plan* totalement illisible. Alors, de grâce, arrondissez dans le sens le plus défavorable vos chiffres du *business plan* : vers le bas pour les recettes, vers le haut pour les dépenses.

Prévoyez un pourcentage d'impayés. Un pourcentage compris entre 1 et 5 %, selon votre secteur d'activité, est un chiffre courant. À vous de juger, mais soyez toujours dans ce genre de situation plus pessimiste qu'optimiste.

Pensez aux saisons ! La plupart des activités ont des saisonnalités. Juillet et août, dans bien des cas, représentent une période calme, voire totalement morte. En revanche, pour d'autres, ce sera la pleine saison. Les mois de décembre et janvier, eux aussi, peuvent être des mois creux ou pleins selon les activités. Pensez aussi aux vacances scolaires. Ces différences de rythme ont des conséquences importantes sur votre compte prévisionnel et sur votre plan de trésorerie.

Soyez « généreux » sur vos délais de paiement. Dans votre plan de trésorerie, allongez les délais de paiement de vos recettes et raccourcissez ceux de vos dépenses, sans exagérer, bien sûr, mais de manière à avoir de la ressource en cas de problème.

Dernier point : *un* business plan *n'est pas un document figé.* Il doit évoluer dans le temps, en fonction des évènements imprévus, des nouvelles stratégies mises en œuvre, des changements conjoncturels, etc. Il faut donc régulièrement l'adapter à la situation du moment. Enfin, il doit vous servir de repère : les évènements viendront certainement confirmer ou infirmer les hypothèses que vous aviez adoptées pour le construire.

Le financement

Pour démarrer une entreprise, de l'argent est nécessaire, très peu ou beaucoup selon les cas. Tout dépend de l'activité choisie. Certaines activités nécessitent de gros investissements, d'autres de gros budgets de communication qui vont « plomber » les comptes. En revanche, il arrive que des activités s'autofinancent assez facilement : pas de machines à acheter, pas de communication importante, juste de la prospection (téléphonique ou autre) pour acquérir des clients. Ainsi, selon l'entreprise que vous avez envie de créer, vos besoins en financement ne seront pas les mêmes.

Calcul du besoin de financement : le point bas

Le *besoin de financement,* c'est l'argent dont vous avez besoin pour lancer votre entreprise avant que celle-ci ne s'autofinance. C'est donc le besoin de trésorerie nécessaire au lancement de votre entreprise

Pour effectuer ce calcul, vous devez partir de votre plan de trésorerie (voir le chapitre précédent et le chapitre *Un peu de gestion,* page 37). En effet, votre plan de trésorerie vous donne, mois par mois, l'état de vos finances en fonction de vos entrées (recettes) et de vos sorties d'argent (dépenses).

Vous avez deux manières de préparer votre plan de trésorerie :

* option 1 : vous y intégrez les sommes d'argent dont vous disposez (capital, comptes courants d'associés[1], emprunts bancaires…). Ce sont en effet des sommes qui influent sur votre trésorerie, mais pas sur votre exploitation ;

* option 2 : vous ne les incluez pas, et vous les déterminerez en fonction du besoin en trésorerie que votre plan va faire apparaître.

Si, pour élaborer votre plan de trésorerie, vous avez déjà intégré tout l'argent dont vous disposez (option 1 ci-dessus), alors votre solde de trésorerie doit tous les mois être positif. Sinon, vous avez mal évalué votre besoin de financement.

En revanche, si vous n'avez pas intégré ces sommes (option 2 ci-dessus), alors votre plan de trésorerie doit présenter de nombreux soldes négatifs, qui progressivement vont en s'amenuisant jusqu'à devenir positifs. Parmi tous ces soldes négatifs, le plus important

---

1. Le compte courant est un compte ouvert au nom d'un associé, sur lequel celui-ci peut déposer de l'argent destiné à être utilisé pour le fonctionnement de l'entreprise et qui devra lui être remboursé.

est votre *point bas de trésorerie*. Il représente le besoin de financement de votre entreprise. Il va donc falloir que vous couvriez cette somme avec le capital, le compte courant d'associés et/ou un crédit bancaire.

Accessoirement, il est toujours intéressant de se demander à quoi est dû ce solde de trésorerie négatif. En effet, de son origine peut dépendre la manière dont vous allez régler le problème. S'il s'agit de l'achat d'une machine, le leasing[1] (voir plus loin page 81) ou le crédit peuvent être des solutions. S'il s'agit de dépenses moins matérielles (publicité, études…), les banques sont plus frileuses. Les actionnaires peuvent alors prendre le relais, en fournissant une aide sous la forme de capitaux ou de comptes courants. Il en va de même s'il s'agit de dépenses structurelles : loyers, salaires, frais généraux…

Les ressources possibles

Votre propre argent

Votre argent personnel est votre premier capital. Si vous ne mettez pas vos propres deniers dans l'entreprise, personne ne vous suivra. Donc, faites le tour de vos économies, raclez les fonds de tiroir et constituez votre première source de financement. Peut-être suffit-elle à couvrir votre point bas.

Les amis et la famille (« *love money* »)

À vous de voir si vous souhaitez faire appel à eux. Vous pouvez toujours convaincre votre famille ou vos amis de vous prêter un

---

1. Le leasing est une opération de location de bien d'équipement qui donne au locataire la possibilité d'acquérir le bien, à la fin du contrat de location, moyennant un prix convenu à l'avance.

peu d'argent. Cependant, soyez prudent : vous prenez le risque de vous fâcher avec eux en cas d'échec ou de problème. Si vous adoptez cette solution, n'empruntez que des sommes suffisamment raisonnables pour que, si votre aventure tourne mal, vous puissiez quand même les rembourser plus tard, quand vous aurez retrouvé un emploi.

Dans le cas où des amis sont prêts à vous aider, peut-être vous demanderont-ils d'être associés à l'affaire. C'est l'objet du paragraphe qui suit.

Les associés (voir aussi le chapitre *S'associer*)

Les associés sont des personnes (ou plus rarement des sociétés) qui décident de tenter l'aventure avec vous et qui sont prêtes pour cela à investir dans votre entreprise. On rencontre fréquemment des amis qui décident de se lancer dans un projet commun, souvent à deux, trois ou quatre, rarement plus. Si chacun amène la même contribution au capital celui-ci se répartit alors ainsi : 50/50 ; 1/3, 1/3, 1/3 ; ou 1/4, 1/4, 1/4, 1/4. Puis chacun s'assigne éventuellement une fonction dans la future entreprise en fonction de sa compétence.

D'une manière plus générale, les associés sont des personnes qui vont prendre une participation dans votre affaire. Pour cela, ils vont souscrire au capital un certain pourcentage, qui leur donnera droit à leur quote-part de bénéfices s'il y en a, ou à leur quote-part du prix de cession si l'entreprise est cédée.

Vous avez par exemple décidé de créer avec deux autres personnes une SARL au capital de 10 000 €. Vous avez convenu avec vos futurs associés que vous seriez majoritaire à 51 % et que les 49 % restants seraient répartis ainsi : 34 % pour l'un et 15 % pour l'autre. Ainsi, vous apporterez 5 100 €, votre premier associé 3 400 € et le deuxième 1 500 €, ce qui constituera le capital de départ de 10 000 €.

Néanmoins, et c'est là où je veux en venir, il se peut que vous ayez un besoin de financement supérieur à 10 000 €. Votre point bas se situe par exemple à 20 000 €. Comment faire ?

Vous auriez pu décider de créer une SARL au capital de 20 000 €. Vous auriez alors dû sortir 10 200 € de votre poche pour être, comme vous le souhaitiez, majoritaire. Or vous ne les avez pas ! Vous créez donc une SARL au capital de 10 000 €, et vous demandez à vos associés de vous aider sous la forme soit de prêts, soit de comptes courants. Le prêt et le compte courant sont donc deux notions très proches, qui diffèrent simplement par le mode de remboursement. Le prêt fait l'objet d'un planning de remboursement défini à l'avance ; le compte courant sera remboursable quand l'entreprise le pourra. Les deux peuvent générer des intérêts, mais ce n'est pas obligatoire.

Ainsi, dans l'exemple précédent, vous pourriez convenir que l'associé à 34 % met en compte courant la somme de 7 000 € et que celui à 15 % met la somme de 3 000 €. Ces sommes correspondent à peu de chose près à leurs poids relatifs réciproques. Ainsi, avec le capital, vous disposez de vos 20 000 € nécessaires pour fonctionner, moyennant un endettement auprès de vos associés.

Les « capital-risqueurs »

Qu'est-ce qu'un capital-risqueur ? C'est généralement un fond d'investissement qui décide d'investir dans votre projet parce qu'il y croit et pense y gagner de l'argent, soit en dividendes, soit en plus-value. Cette dernière solution est le plus souvent celle qui l'intéresse. Pour cela, le capital-risqueur va prendre une participation dans l'entreprise, moyennant tout ou partie du besoin de financement de votre projet.

> **Un capital-risqueur est généralement un fond d'investissement qui décide d'investir dans votre projet parce qu'il y croit et pense y gagner de l'argent.**

Une des méthodes utilisées consiste à créer la société, puis à y faire rentrer le capital-risqueur en procédant à une *augmentation de capital* correspondant au montant de votre besoin de financement. La prise de participation de votre capital-risqueur est bien sûr à discuter. Elle se négocie généralement entre 10 et 34 % du capital. Les deux moments forts de votre négociation consisteront à :

- convaincre le capital-risqueur ;
- négocier sa prise de participation.

À vous de jouer !

Vous créez avec un ami une SARL au capital de 3 000 €, qui aura pour activité la location de vélos aux touristes dans la capitale. Votre *business plan* prévoit un besoin de financement d'environ 45 000 €, l'achat des vélos et la publicité étant vos principales dépenses. Un capital-risqueur est d'accord pour vous donner cette somme, et vous avez négocié avec lui que cette aide se ferait sous la forme d'une augmentation de capital, grâce à laquelle il prendrait 20 % de votre société.

Ainsi, les 45 000 € apportés par le capital-risqueur se sont décomposés en :

- 750 € représentant 20 % du nouveau capital de 3 750 € ;
- 44 250 €, soit la différence entre 45 000 et les 20 %, apparaissant dans les fonds propres (ou capitaux propres) au titre de ce que l'on appelle une *prime d'émission*.

L'opération aboutira à la structure suivante :

- nouveau capital : 3 750 € ;
- prime d'émission : 44 250 € au passif de votre bilan (dans les capitaux propres).

Comme vous pouvez le constater, quelqu'un a accepté de payer 45 000 € pour avoir 20 % de votre affaire. Cela veut donc dire que votre idée a été « évaluée » à 5 × 45 000 € = 225 000 €.

Nota bene : les capitaux propres sont l'ensemble des fonds mis à la disposition de l'entreprise pour démarrer et fonctionner. Ils sont à considérer exactement comme du capital

Les investisseurs privés

Nous retrouvons ici pratiquement le même cas que ci-dessus. Ces investisseurs privés jouent le rôle de capital-risqueurs, sans que ce soit pour autant leur métier. Entreprises ou particuliers, ils s'intéressent à votre projet, décident de vous aider financièrement et attendent en retour soit des dividendes, soit une plus-value en cas de cession de leur participation.

Le processus d'association est le même que ceux déjà présentés ci-dessus, à savoir :

* le cas traité pour les associés, c'est-à-dire une prise de participation (minoritaire en général) de votre investisseur par souscription au capital à la valeur nominale, et apport en compte courant (moyennant intérêts ou pas) de sa part, du montant total ou partiel de votre besoin de financement ;

* ou le cas traité pour les capital-risqueurs, c'est-à-dire l'entrée de votre investisseur dans le capital de votre société par augmentation de capital (du montant total ou partiel de votre besoin de financement) et la création d'une prime d'émission au passif de votre société (capitaux propres).

Nota bene : la valeur nominale d'une action est le montant du capital divisé par le nombre d'action.

L'emprunt bancaire

Il y a bien sûr les banques comme source de financement. Elles sont là pour ça, paraît-il. Pourtant, obtenir un prêt de son banquier pour lancer son activité est plus facile à dire qu'à faire. Mais ne soyons pas mauvaise langue, elles peuvent effectivement vous aider, mais pour ça, il faut les convaincre de vous prêter de l'argent et leur offrir des garanties pour qu'elles soient sûres que vous les remboursiez.

▶ Convaincre

Les banques ont besoin de croire en votre projet, de manière rationnelle. Il vous faut donc un dossier « en béton », dans lequel apparaîtra clairement la viabilité financière de votre entreprise. J'insiste sur le mot *financière*, car c'est avec des yeux de financier que vous allez être jugé. Ainsi, après avoir défini et expliqué votre projet de la manière la plus synthétique possible, vous devez montrer à votre banquier que vous maîtrisez les flux financiers, qu'ils ne sont pas pour vous des notions abstraites, mais au contraire la conséquence normale de la vie de votre entreprise telle que vous l'imaginez. L'ensemble doit être réaliste et crédible. Convenez que c'est le moins que l'on puisse vous demandez…

Pour convaincre votre banquier, présentez-lui un dossier dans lequel apparaîtra clairement la viabilité financière de votre entreprise.

Ici réside tout l'intérêt d'un bon *business plan* : il s'agit du seul document sur lequel le banquier se forgera son opinion. Donc j'insiste : ayez un *business plan* clair, crédible, que vous connaissez par cœur, car votre interlocuteur vous questionnera longuement dessus avant de prendre une décision.

▶ Garantir

Voilà une autre affaire… En réalité, si vous n'avez rien, si vous ne possédez ni résidence principale, ni bien susceptible de représenter aux yeux de la banque une valeur tangible, vous n'aurez guère de chance de trouver un financement de ce côté-là. Au mieux, vous pourrez obtenir une *facilité de caisse*, ou bien un petit prêt que la banque vous demandera de garantir en vous portant caution, c'est à dire en vous portant garant du remboursement du prêt à titre personnel.

En tout état de cause, avant de demander quoi que ce soit à votre banque, renseignez-vous pour savoir quelle est la marge de manœuvre du responsable de votre agence. En effet, au-delà de certains montants, les chefs d'agence doivent faire remonter le dossier à leur instance supérieure pour qu'il passe en commission, et vous ne serez pas là pour le défendre.

Le leasing

Le leasing est une méthode pratique pour financer des investissements. Son principe est le suivant : au lieu d'acheter votre matériel, soit sur vos fonds propres, soit en empruntant auprès de votre banque, vous le louez pendant une durée comprise entre trois et cinq ans. À la fin de cette durée, et moyennant le paiement d'une petite somme déterminée à l'avance, vous en devenez propriétaire.

L'avantage du leasing est de permettre de passer en *charges* le montant de vos mensualités de « loyer », alors que dans le cas d'un crédit bancaire, vous ne pouvez déduire que les intérêts du prêt. L'inconvénient du leasing est qu'il coûte plus cher. Vous devrez donc effectuer un arbitrage entre vos problèmes de trésorerie et votre souci d'exploitation.

Le leasing peut vous être proposé par la banque elle-même si vous lui demandez un crédit, car les banques ont des filiales spécialisées dans ce type d'opération.

Les subventions, les aides

Il existe pour les créateurs d'entreprise pléthore d'aides et de subventions : 4 500 environ ! C'est dire si l'on vous bichonne... Ces aides sont de toutes sortes : locales, départementales, régionales, européennes. Elles prennent la forme de dons, de prêts, de formations, de conseils, etc.

Je ne peux que vous conseiller, au risque de passer pour un empêcheur de tourner en rond, de ne pas perdre trop de temps à les chercher ni à tenter de les obtenir.

Ne perdez pas trop de temps à chercher des aides ou à tenter de les obtenir. Le temps que vous y consacrerez ne correspond pas souvent au bénéfice que vous en tirerez.

Le mieux est de vous adresser à votre chambre de commerce locale, qui vous guidera dans le dédale des aides possibles. Vous pourrez ainsi juger et choisir celles qui vous correspondent le mieux. Néanmoins, je le répète : n'y passez pas l'essentiel de votre temps, et ne vous transformez pas en mendiant. Un chef d'entreprise n'est pas un mendiant !

Le choix de votre banque

Le choix de votre banque est-il très important ? Je pencherais plutôt pour le non, et ce pour deux raisons :

- les banques offrent toutes peu ou prou les mêmes prestations ;
- vous pourrez en changer plus tard si celle que vous avez choisie ne vous convient pas.

Ces raisons peuvent vous sembler un peu légères, mais vous découvrirez que vos rapports avec votre banquier, quel qu'il soit, sont qualitativement proportionnels à la réussite de votre entreprise.

Maintenant, comment choisir votre banque ?

Si vous avez déjà une banque à titre personnel, je vous recommande d'en choisir une autre pour votre société.

Je suis en effet personnellement favorable à la séparation totale entre vous et votre entreprise, surtout s'il s'agit d'argent.

Il se peut cependant que vous ayez noué avec votre banquier des relations de confiance particulièrement solides. Dans ce cas, et s'il vous semble que ces relations privilégiées peuvent vous servir dans le cadre du développement de votre entreprise, à vous de voir. Ainsi, si vous avez besoin d'un petit prêt bancaire ou d'une autorisation momentanée de découvert, l'ouverture de votre compte société dans la banque où vous avez votre compte personnel peut s'envisager.

D'une manière générale, tâchez d'avoir le moins possible besoin des banques. Essayez de résoudre vos problèmes de financement par vous-même ou en vous associant, plutôt que de vous endetter vis-à-vis d'elles. En revanche, n'hésitez pas à leur emprunter de l'argent quand vous n'en avez pas besoin et ce, pour n'importe quel prétexte : le dicton « on ne prête qu'aux riches » se vérifie !

Les accompagnateurs d'entreprises

Sous cette dénomination se trouvent des entités, généralement associatives, qui ont pour mission d'aider les créateurs et les repreneurs d'entreprises. Ces acteurs, indépendants ou en réseaux, portent le nom de *couveuses*, d'*incubateurs*, de *pépinières*… Il peut s'agir d'organismes d'État, d'organismes locaux, départementaux, régionaux ou nationaux. Ce sont parfois des réseaux mis en place par des chefs d'entreprise désirant aider, par leur expérience, ceux qui se lancent.

La France compte ainsi quelque sept cents structures d'accompagnement. Il existe même une Fédération française des organisations contribuant à la création des entreprises et à leur reprise (la Force). Celle-ci regroupe déjà un certain nombre de ces structures, dont la plus ancienne, le *Réseau entreprendre*.

Pour plus d'informations, promenez-vous sur Internet en effectuant des recherches autour des mots « accompagnement d'entreprise » ou « accompagnateurs d'entreprise ». Vous trouverez aussi en annexe des adresses de sites Internet utiles.

De toute façon, je le répète, ne courez pas après l'aide à tout prix. Si l'une ou plusieurs de ces structures peuvent vous aider, tant mieux, mais ne perdez pas votre temps à ça !

S'associer

S'associer est un acte fondamental très important et très lourd de conséquences. Il vous engage pour longtemps et, si, au départ, les relations entre associés sont généralement excellentes, elles peuvent très rapidement se dégrader. Dans la réalisation du projet, les caractères se révèlent et ce, d'autant mieux que les difficultés apparaissent. L'euphorie du début se trouve confrontée à la dure réalité. Et malheureusement, elle tourne parfois au carnage. Le nombre de sociétés qui déposent leur bilan à cause d'une mésentente, voire d'un conflit, entre associés est important. Aussi, soyez prudent et ayez conscience de l'importance de l'association que vous allez réaliser.

Pourquoi s'associer ?

Mais oui, au fond, pourquoi s'associer ? L'aventure peut se tenter seul, l'avantage de cette situation étant la liberté de prendre les décisions que l'on veut quand on le veut : personne à convaincre, personne pour vous contredire. Le rêve, non ? Peut-être.

De multiples raisons poussent cependant à s'associer. J'en vois pour ma part trois principales.

Le besoin de ne pas être seul

Vous pouvez ressentir le besoin de discuter, de confronter vos idées, d'avoir quelqu'un à qui parler lorsque vous n'avez pas le moral. Il est vrai que dans l'aventure, vous rencontrerez des moments délicats qu'il sera plus facile de passer à deux ou à trois que seul. Tout dépend de votre tempérament. Et puis, bien souvent, les idées de création de boîte naissent de discussions entre amis. On se retrouve alors à deux ou trois sur une idée, et tout naturellement, on décide de la réaliser ensemble.

La complémentarité des compétences

D'une manière générale, la complémentarité, quelle qu'elle soit, est un avantage :

- la complémentarité des compétences donne une répartition des fonctions quasi naturelle ;
- la complémentarité des caractères apporte une manière différente de voir les choses, mais aussi de travailler et de manager.

Ayez conscience de ces différences, respectez-les et faites en sorte qu'elles jouent dans un sens positif.

Ne pensez pas qu'une tâche donnée doive forcément être exécutée comme vous l'auriez exécutée vous-même. Jugez plutôt au résultat.

Vous rencontrerez ce souci en management, quand vous serez amené à déléguer. On a tendance au début à expliquer au collaborateur *comment* faire. Puis, petit à petit, on lui explique *ce à quoi on veut arriver* : cette méthode est plus efficace. Et surtout, on s'aperçoit que le travail peut être mieux fait que si on l'avait soi-même réalisé !

Le besoin d'argent

Cette troisième raison repose sur une évidence : à plusieurs, on a plus d'argent. Donc selon la taille du projet et son besoin de financement, s'associer et mettre en commun tout l'argent dont on dispose peut être une nécessité.

Avec qui s'associer ?

Plusieurs cas peuvent se présenter : l'association avec des amis, avec un capital-risqueur, avec votre famille ou votre partenaire.

L'association avec des amis

Vous êtes trois et vous décidez de monter votre affaire ensemble. Chacun aura une fonction particulière, et le capital est réparti ainsi : 1/3, 1/3, 1/3. Nous sommes dans un cas classique.

Pour que cette association réussisse, il est indispensable que vous partagiez les mêmes valeurs. En effet, il faudra que vous avanciez tous les trois dans le même sens. Par exemple, apportez-vous la même réponse à la question : montez-vous un projet à court, moyen ou long terme ? Formulée autrement : voulez-vous vite revendre ou bien créer une entreprise pérenne que vous aurez plaisir à diriger longtemps ? Ou encore, avez-vous tous la même notion du service client ? de la gestion ? du management ?

Pour que l'association avec des amis réussisse, soyez sûr de partager les mêmes valeurs.

Ces différences peuvent se sentir dans des détails au quotidien. On perçoit les rapports qu'une personne peut avoir avec l'argent (radin ou dispendieux) ou avec les gens (aimable ou méprisante). Je caricature volontairement les attitudes possibles pour que vous preniez conscience des problèmes dus aux différences de caractères que vous risquez de rencontrer. Il faut donc autant que possible vous associer avec des personnes qui ont une vision du monde assez proche de la vôtre (sans pour autant qu'elles aient les mêmes méthodes de travail que vous !).

Une variante peut exister lorsque certains associés n'interviennent qu'à titre de financiers. Leur but dans cette affaire est clair : gagner de l'argent, et le plus vite sera le mieux. Le partage de valeurs avec eux devient relatif. Sachez tout de même que si votre entreprise est en difficulté ou fait faillite, vous risquez de perdre un ou plusieurs amis…

L'association avec un capital-risqueur

C'est un peu le cas de la variante expliquée ci-dessus, sauf que le capital-risqueur n'a rien, *a priori*, d'un ami. Son but est de gagner de l'argent. À la différence de l'ami qui a accepté de financer votre projet en s'y associant, le capital-risqueur souhaite gagner de l'argent, en revendant sa participation ou en rentrant en bourse. L'« associé ami » peut lui avoir comme objectif de toucher tous les ans des dividendes.

L'association avec la famille

L'association avec des membres de sa famille a ses adeptes. Elle présuppose un solide sens de la famille pour accepter ses rites, ses codes et sa hiérarchie. L'étranger y trouve difficilement sa place. Les problèmes se règlent en famille, à huis clos.

Si ce sens de la famille n'existe pas, alors on revient à une association classique, compliquée d'une histoire familiale. Et là, gare aux dégâts !

L'association en couple

Pour beaucoup, l'association en couple est l'« association mystère ». Comment un couple peut-il fonctionner en étant à la fois au travail et à la maison ? Comment une entreprise peut-elle tourner avec un couple à sa tête, connaissant tous les problèmes de partage de pouvoir et de management que cela engendre ? Comment peut-on vivre 24 heures sur 24 avec la même personne ?

Pour l'avoir réalisée, je peux vous dire que cette association fonctionne. Cependant, deux conditions s'imposent :

* avoir la même vision de la vie et la même ambition que son conjoint ;
* s'être posé les questions ci-dessus et y avoir répondu, avec intelligence et bon sens.

En conclusion, n'oubliez jamais que toute association est conditionnée par les rapports humains, quel que soit le cas de figure. En famille, en couple, entre amis, avec des tiers… il n'existe pas de recette miracle. Le succès de votre association ne dépendra que de votre aptitude à vous entourer de personnes intelligentes et compétentes et à gérer vos relations avec elles.

Bon courage !

Le démarrage

Il faut un début à tout. Votre entreprise, avant de devenir grande, sera forcément petite. Personnellement, je me méfie des entrepreneurs dont l'ambition, affichée dès le départ, est de devenir « l'acteur européen majeur de son secteur ». Si, si, certains osent !

Ce n'est pas parce que vous commencez petit que vous n'avez pas l'ambition de devenir grand. Pour monter un escalier, vous commencez par la première marche et vous vous assurez qu'elle est bien solide avant de poser le pied sur la deuxième. Pour votre entreprise, c'est pareil.

Commencer petit

Les projets qui nécessitent une taille importante pour réussir sont rares. La plupart du temps, on peut démarrer petit, ce qui a de nombreux avantages.

Tout d'abord, cela diminue les risques. De toute évidence, vous diminuerez les frais à engager. Ainsi, si votre projet échoue, vous aurez limité vos pertes. Toutefois, faites bien la part des choses entre l'indispensable et l'accessoire. Il s'agit de dépenser *mieux* et non pas *moins à tout prix* : votre bon sens fera la différence.

Par ailleurs, soyez cohérent : si vous devez recevoir des clients, ayez un local décent, pas luxueux, mais correct. Si vous n'envisagez pas de les recevoir, économisez au contraire sur le local, en exerçant chez vous, à votre domicile. Avez-vous réellement besoin d'une standardiste-secrétaire ou pourrez-vous utiliser votre mobile (ou effectuer un simple renvoi sur celui-ci) et taper vos lettres tout seul, etc. ?

Ensuite, en démarrant petit, vous pourrez observer facilement l'ensemble des rouages de la société que vous êtes en train de créer. En côtoyant chaque poste, chaque fonction, quitte parfois, à l'exercer en cas de besoin, vous pourrez comprendre les éventuelles difficultés qui lui sont propres et appréhender *in situ* ce que vous n'aviez pas prévu du haut de votre fauteuil de directeur.

Avancez doucement

Dès que vous enregistrez vos premiers succès, ne vous emballez pas. Assurez-vous que ce n'est pas un feu de paille et consolidez vos acquis. Bien souvent à ce stade, et pour passer à la vitesse supérieure, un recrutement est nécessaire. En effet, vous ne pouvez pas tout faire et vous allez devoir confier à quelqu'un d'autre une partie de ce que vous exécutiez seul avec succès. Cependant, ne lâchez pas les rênes tout de suite : surveillez, encadrez.

> Je me souviens d'un jeune homme qui avait lancé à Lyon une entreprise originale de vente d'espaces publicitaires. Le *business model* était simple : *vendre des espaces publicitaires sur des sets de tables en papier qui était offerts gracieusement à des restaurateurs.* La diffusion était ainsi garantie.
>
> Le premier set est un succès. Ravi, notre chef d'entreprise recrute une commerciale et lui confie la suite de la commercialisation, pour qu'il puisse, de son côté, développer le concept sur une autre ville. Or la commerciale en question « sabote » le marché qu'il a défriché : la prospection est bâclée, les clients mal traités, donc perdus, etc. Le deuxième set ne peut sortir.
>
> Malgré tous ses efforts, notre jeune chef d'entreprise ne peut redresser la barre, et il dépose le bilan quelque mois plus tard.

Progressez donc à pas comptés, en consolidant vos positions au fur et à mesure de votre avancée.

Adaptez-vous

Vous avez défini un *business model* et un *business plan*. Il se peut que les choses n'évoluent pas conformément au *business plan*, voire que le *business model* ne fonctionne pas tel que vous l'aviez imaginé.

Voici venu le moment de vous poser des questions : quel est le problème ? Mon *business model* est-il à revoir ? Mon *business plan* était-il vraiment réaliste ou trop optimiste ? Ai-je sous-estimé les difficultés qui m'attendaient ?

C'est aussi le moment de remettre en cause les hypothèses, les intuitions, les *a priori* qui ont été à l'origine de votre projet. Comme nous l'avons déjà dit, le *business model* et le *business plan* ne sont pas gravés dans le marbre, et peuvent être adaptés en cours de route. Le fait de vous être lancé vous a donné, grandeur nature, la réponse aux nombreuses questions que vous vous posiez avant de démarrer. Profitez-en pour *corriger, infléchir, faire évoluer* votre affaire, dans le sens que vous indique l'expérience du terrain.

Le *business model* et le *business plan* ne sont pas gravés dans le marbre, et peuvent être adaptés en cours de route.

Payez-vous le minimum

Dans le même ordre d'idée, économisez sur votre rémunération. Ne vous croyez pas obligé de vous octroyer le plus gros salaire de la boîte sous prétexte que vous en êtes le patron. Payez-vous juste le minimum pour survivre et n'oubliez pas que les charges sociales viendront alourdir le moindre euro que vous vous octroierez.

Inutile aussi de vous offrir un super-bureau de directeur avec un super-fauteuil de président, ou une luxueuse voiture. Tous ces signes extérieurs de pouvoir ont deux inconvénients : ils coûtent cher et ils risquent d'agacer le personnel de l'entreprise qui y verra du gaspillage, ce qui nuira à votre image.

Soyez partout

Si vous voulez bien comprendre le fonctionnement de votre entreprise, je vous conseille vivement d'être partout à la fois. C'est en effet le seul moyen vraiment efficace de comprendre l'utilité (ou l'inutilité) d'un poste, ses difficultés, sa pertinence…

Discutez avec les personnes en charge de chaque fonction, écoutez leurs idées et leurs suggestions ; profitez-en pour améliorer ainsi la manière dont fonctionne votre entreprise.

« Bichonnez » vos salariés, faites en sorte qu'ils croient autant que vous à votre projet : je ne connais que ce moyen pour motiver *vraiment* des collaborateurs (bien plus efficace que l'argent).

Constituez-vous une trésorerie

Toutes ces mesures d'économie que je vous conseille fortement n'ont qu'un seul but : vous construire une solidité financière. Répétez-vous souvent cette phrase : tout ce qui n'est pas indispensable est inutile. Ainsi, ne dépensez de l'argent que pour l'indispensable. Ne voyez pas là de l'avarice, mais de la « gestion de démarrage ».

Pour construire votre solidité financière, partez du principe suivant : tout ce qui n'est pas indispensable est inutile.

C'est à ce prix que vous pourrez vous constituer une trésorerie, ce qui aura de nombreux avantages :

- vous n'aurez pas l'angoisse des fins de mois, ce qui est très confortable quand il s'agit de consacrer toute son énergie à trouver des clients ;

- votre banquier sera impressionné, la première chose qui l'intéresse étant ce qu'il y a sur votre compte bancaire. Le reste, il s'en préoccupe moins… Certains ne font semblant de s'intéresser à votre activité que pour faire bonne figure et savoir si aucun risque ne se profile à l'horizon, pour vous, mais surtout pour la banque qu'ils représentent.

> À ce sujet, voici une anecdote : pour démarrer l'activité de *De Particulier à Particulier*, j'avais ouvert un compte dans une banque que je ne nommerai pas. L'accueil avait été correct, et on m'avait promis de me suivre et de me conseiller éventuellement dans mon aventure. Huit mois se passent sans accroc ni demande de découvert. Et bien, pendant huit mois, je n'ai pas eu un seul coup de fil de la banque pour s'informer de l'avancement de mon activité. Pas un ! Le neuvième mois, je les ai appelés pour solder mon compte et changer de banque. Je commençais juste à gagner de l'argent !

- en cas d'imprévu (retard dans les paiements, impayés, grève du courrier, personnel malade d'où recrutement d'un intérimaire, etc.), vous aurez de quoi amortir le choc sans avoir besoin de solliciter votre banquier.

Inspirez confiance

Puisque ce sont vos débuts, vous n'avez forcément ni passé, ni références. Difficile, donc, pour un fournisseur, de vous faire confiance *a priori*. Mettez-vous à sa place : il se demande si vous avez les moyens de le payer et s'il sera réglé dans les délais…

Voici à ce propos une autre anecdote : lors du lancement du journal *De Particulier à Particulier*, personne ne voulait me vendre du papier si je ne le payais pas à la réception, « au cul du camion », selon l'expression consacrée. Contraint et forcé, je paye donc cash le papier du numéro 1 et du numéro 2. La trésorerie en prend un coup, mais je n'ai pas le choix. Pendant ce temps, un autre vendeur de papier me prospecte, et je négocie âprement avec lui un paiement à 90 jours fin de mois.

La veille de l'impression du numéro 3, le supérieur hiérarchique du vendeur auquel j'avais eu affaire m'appelle pour me dire que son vendeur est complètement inconscient, qu'il n'aurait jamais dû accepter des conditions de paiement pareilles et que je dois payer comptant mon papier si je veux l'obtenir. Oups ! Je bataille deux bonnes heures avec lui, et tout y passe : le non-respect de la parole donnée, l'asphyxie d'une entreprise qui démarre, les pleurs et je ne sais quoi encore. À la fin, par miracle, il valide les 90 jours fin de mois que m'avait accordés son commercial. Dans cette affaire, je pouvais en réalité me permettre de payer comptant pour débloquer la situation, mais la promesse non tenue me mettait hors de moi.

Par la suite, j'ai bien sûr toujours honoré les paiements, ce qui a installé entre lui et moi un rapport de confiance qui, d'une manière générale, est très utile dans les affaires. Sur un simple coup de téléphone, je pouvais par exemple être dépanné en papier sur le champ. En remerciement, je lui suis resté fidèle pendant douze ans… jusqu'à ce qu'il se fasse racheter par un concurrent.

La morale de cette histoire ? C'est qu'on ne vous fera pas confiance *a priori*. Vous devrez la construire et la gagner avec vos clients, avec vos fournisseurs, avec vos collaborateurs.

La concurrence

Au moment où vous créez votre entreprise, la situation est simple : ou vous avez déjà des concurrents ou vous n'en avez pas.
Étudions les deux cas.

Vous avez des concurrents

Avant de vous lancer dans l'aventure, vous avez bien évidemment étudié l'environnement de votre marché, les acteurs déjà présents et avez pu ainsi détecter et identifier éventuellement un ou plusieurs concurrents. Vous êtes donc parfaitement conscient du combat qui va s'engager. Les questions qu'il faut alors vous poser et auxquelles vous devez répondre sont les suivantes :

- Qu'est-ce que j'offre de plus, de mieux, de différent qui va me permettre de me distinguer de mes concurrents et de me créer une place sur le marché ?

- Quelles peuvent être les réactions de mes concurrents, au niveau commercial, publicitaire, promotionnel ou juridique ?

Le premier point est très important. C'est à partir de votre « plus produit » ou de votre « plus service » que va se construire votre argumentaire de vente. Celui-ci doit clairement faire apparaître ce que vous avez de mieux à proposer. Cela peut être le prix, les performances, la qualité du produit, son design ou une astuce, une nouveauté qui rend les offres concurrentes obsolètes. Vous allez devoir réfléchir au temps durant lequel vous allez pouvoir tenir cet avantage concurrentiel. Autrement dit, combien de temps va-t-il falloir à la concurrence pour vous rattraper, voire vous dépasser ?

L'idéal est donc d'avoir un réel avantage (technologique, de service…) que vous pouvez d'ailleurs valoriser, pourquoi pas, en étant plus cher que vos concurrents. Un prix plus élevé est quasiment toujours synonyme de qualité supérieure. Encore faut-il que celle-ci soit au rendez-vous !

À l'opposé, les produits de vos concurrents peuvent vous sembler trop sophistiqués. Selon vous, un produit plus simple conviendrait à la plupart des clients… Dans ce cas, vous pouvez avoir envie de proposer un produit moins cher qui les satisferait amplement.

Vous n'avez pas de concurrents

C'est assez rare ! Si vous avez cette chance, faites-vous vite une place sur le marché, car, très rapidement, vous allez vous retrouver avec… des concurrents qui feront la même chose que vous !

Vous allez ouvrir un marché sur lequel vont se précipiter tous ceux qui n'avaient pas eu votre idée. C'est dur à vivre, un peu injuste, mais c'est malheureusement la loi du genre. Et parmi ces nouveaux intervenants, certains seront loyaux, d'autres se comporteront comme de vrais voyous (publicités mensongères, concurrence déloyale, contrefaçon et j'en passe…). Vous allez devoir lutter, juridiquement s'il le faut, mais commercialement le plus souvent : c'est ce qui demeure encore de plus efficace.

En conclusion, vous aurez des concurrents, c'est certain, et il faudra les observer afin d'adapter votre stratégie. Ne les sous-estimez jamais. Soyez plutôt paranoïaque que candide. Et, qui sait, serez-vous peut-être confronté un jour au rachat d'un de vos rivaux. C'est tout le plaisir que je vous souhaite !

Les clients

On n'en écrira jamais trop sur la façon de traiter ses clients, aussi vais-je y aller moi aussi de mon petit couplet. Conquérir, satisfaire et fidéliser ses clients, telle doit être l'obsession de tout chef d'entreprise qui se respecte.

Certes, il existe des techniques et des méthodes, mais la *volonté* et l'*énergie* que vous mettrez à comprendre vos clients et à analyser leurs réactions importent avant tout. Nul besoin ici de cours magistraux ; l'écoute, l'humilité et la générosité suffisent.

Conquérir, satisfaire et fidéliser ses clients, telle doit être l'obsession de tout chef d'entreprise.

L'écoute

L'écoute est la clé d'une bonne relation avec ses clients. Demandez à n'importe quel commercial digne de ce nom quelle est la première règle à respecter : il vous répondra qu'il écoute son prospect ou son client. Il écoute son prospect pour connaître ses besoins et le transformer en client ; il écoute son client pour mieux le comprendre et ainsi le fidéliser en étant au plus près de ses préoccupations.

Qu'est-ce qu'*écouter* ? C'est facile, me direz-vous, il suffit d'être attentif, de laisser la personne parler, de ne pas la couper et de faire « oui, oui » de la tête de temps en temps.

En fait, une vraie écoute est un petit peu plus compliquée que ça. De l'attention, il en faut bien sûr, mais le discours que vous entendez est peut-être mal formulé, approximatif. Je connais même des personnes qui, à cause d'une timidité excessive, disent sans s'en rendre compte le contraire de ce qu'elles voudraient dire. Ce cas, extrême certes, illustre assez bien le décalage qu'il peut y avoir entre ce qui est dit (donc reçu par vous) et ce qui est pensé par une personne.

Il faut écouter son prospect pour connaître ses besoins et le transformer en client, et écouter son client pour mieux le comprendre et ainsi le fidéliser.

Il faut donc en permanence vous assurer que vous comprenez bien ce que vous dit votre interlocuteur : son problème, sa demande, ses attentes.

Pour cela, il vous faut parler, vous aussi, en reformulant ce que vous croyez avoir compris, pour voir si vous êtes tous les deux sur la même longueur d'onde. Cette méthode, très efficace, donne à votre interlocuteur le sentiment qu'il est vraiment écouté (ce qui est vrai), et l'incite à vous en dire plus. Ainsi armé de cette connaissance, vous serez beaucoup plus à même de répondre à ses attentes.

La satisfaction du client

Conquérir, c'est bien ; satisfaire, c'est mieux. Et dans ce domaine, il existe une règle d'or : essayez toujours de satisfaire un client *au-delà* de sa simple attente.

Qu'est-ce que cela signifie ? Tout simplement que si vous pouvez en faire un tout petit peu plus que le simple service ou produit pour lequel un client vous paye, il vous en sera généralement très reconnaissant et ceci constituera la première étape de fidélisation de ce client.

Mettez toujours tout en œuvre pour satisfaire un client au-delà de sa simple attente.

Quoi par exemple ? Tout est possible, votre choix dépend de vous et de votre activité. Il peut s'agir d'un cadeau, d'une carte de fidélité, d'un service, d'une réduction de dernière minute, bref d'un geste qui surprenne le client et qu'il apprécie :

- quand par exemple, des personnes vous aident aux caisses des grandes surfaces à ranger vos courses, moi j'apprécie. Pas vous ? (De plus, ce service a l'avantage d'accélérer le passage en caisse !) ;
- quand j'achète un costume et que le vendeur m'offre une cravate pour aller avec, son geste me donne envie de revenir ;
- quand en faisant un plein d'essence dans une station, je reçois des points qui, en se cumulant, me permettent de gagner des cadeaux, j'y reviendrai.

Au journal *De Particulier à Particulier*, toute personne qui passe une annonce a droit à une assistance juridique gratuite téléphonique pendant trois mois. *A priori*, elle ne le sait pas au moment où elle passe l'annonce. Elle le découvre uniquement lorsqu'elle reçoit un accusé de réception avec son code personnel confidentiel pour accéder au service. J'imagine qu'elle se dit alors que nous sommes une société sérieuse, à l'écoute et au service de ses clients. Je crois que ce genre de petit « plus » est pour beaucoup dans l'excellente image que possède la société.

À vous donc d'imaginer le petit « plus » qui vous fera apprécier par vos clients. Un simple courrier, quelques semaines après l'achat (pour savoir si votre client est satisfait de son achat, lui offrir quelque chose, ou l'informer tout simplement de nouvelles promotions) est parfois très efficace.

La générosité

On dit souvent que pour recevoir, il faut savoir donner et je suis entièrement d'accord avec ce point de vue. Souvenez-vous : vous devez toujours essayer de satisfaire un client au-delà de sa simple attente.

Votre client doit sentir que vous n'êtes ni avare ni mesquin. Naturellement, une générosité, une gentillesse doit émaner de vous.

Il ne s'agit pas de donner à son client tout et n'importe quoi, mais de comprendre quel est le « petit quelque chose » qui va lui faire plaisir.

Les sceptiques rétorqueront que les gens abusent des cadeaux qu'on leur fait et qu'après en avoir profité, ils ont le sentiment d'avoir gagné, de vous avoir eu. C'est possible. Et alors ? Quel est le problème ? Laissez-leur cette victoire : vous, vous avez un client.

Vous êtes-vous aperçu que dans certaines offres promotionnelles présentes dans la presse, celles qui comportent un coupon à découper et à envoyer pour recevoir un produit à prix préférentiel, il y a toujours une date limite. Croyez-vous vraiment que si la société reçoit un coupon un jour, une semaine ou un mois après cette date, elle va répondre à son client : « Trop tard ! Tu as voulu m'avoir, mais tu ne m'auras pas ! » Je ne le crois pas, ou alors les commerciaux de cette entreprise sont vraiment mauvais... En fait, cette date est un accélérateur de vente : le maximum des ventes se fait autour de cette date.

De même, dans le B to B (*Business to Business :* business entre entreprises), votre client doit avoir le sentiment d'avoir obtenu de vous le maximum à la fin d'une négociation. Grâce à ce sentiment, il vous sera fidèle.

Le client insatisfait

Des clients insatisfaits, vous en aurez, le plus souvent à cause d'une erreur de votre part ou d'une incompréhension. Sans aller jusqu'à dire que j'adore avoir un client insatisfait en face de moi, je peux sans risque vous affirmer qu'un client insatisfait peut être une aubaine pour votre entreprise. Je vais vous dire pourquoi.

Tout d'abord, si ce client insatisfait est en face de moi, c'est qu'il s'exprime ! Et ça, c'est déjà une mine d'informations (pensez à l'écoute... voir plus haut).

Première règle : il faut écouter un client insatisfait encore plus que les autres.

Ensuite, dites-vous que d'autres clients insatisfaits existent, mais qu'eux ne s'expriment pas.

Deuxième règle : ce que vous dit votre client insatisfait, d'autres le pensent sans doute aussi.

Ensuite, si vous n'avez pas fait d'erreur et si votre client est dans son tort, ne cherchez pas à le lui démontrer, ni à le convaincre. Démontrer à un client qu'il a tort est une très grave erreur, totalement inutile et contre-productive.

Troisième règle : le client a toujours raison, que cela vous plaise ou non.

Enfin, à force de patience, d'écoute, de diplomatie et de psychologie, donnez-lui satisfaction d'une manière ou d'une autre, quel qu'en soit le prix.

Quatrième règle : soyez très généreux.

Si vous réussissez à respecter toutes ces règles, vous aurez contenté un client. Si en plus vous avez été généreux, il parlera de vous et de la manière dont il aura été traité, et deviendra un vrai panneau de publicité ambulant !

Évitez le jargon d'entreprise

Chaque entreprise adopte un langage qui lui est propre et qui correspond à son activité. La plupart du temps, il s'agit d'abréviations qui finissent par ressembler à un code entre salariés.

Ce jargon que les entreprises s'inventent ne doit en aucun cas être utilisé avec les clients. N'avez-vous jamais été en face d'un vendeur de matériel informatique sans comprendre le quart de ses propos. Eh bien, le problème est le même avec le jargon d'entreprise : le client ne connaît pas et n'a pas à connaître le langage que vous êtes susceptible d'employer au sein même de votre société.

Ainsi, à *De Particulier à Particulier*, une petite annonce devient une PA, le guide des locations saisonnières le GLS, une annonce qu'un client nous renouvelle une « repasse », une annonce dans le journal une « publiable », etc.

Voici un exemple de phrase interne propre au journal : « Votre PA est une BOL. Elle est passée dans *PAP* le 12 mars, a fait l'objet d'une modif *on line*. Votre AR nous est revenu NPAI. »

En clair, elle signifie : « Votre petite annonce concerne une offre de location en banlieue. Elle est passée dans le journal *De Particulier à Particulier* daté du 12 mars, a fait l'objet d'une modification que nous avons immédiatement mise en ligne sur notre site Internet *www.pap. fr*. L'accusé de réception que nous vous avons envoyé nous est revenu avec la mention *n'habite pas à l'adresse indiquée* ».

Évitez donc à tout prix le jargon d'entreprise lorsque vous vous adressez à un client.

Le management

Le management est l'art de guider une organisation humaine vers la réalisation d'un objectif donné. L'idéal est que l'intérêt de toutes les parties prenantes (entreprise, salariés et bien évidemment clients) soit satisfait et que l'objectif remporte le maximum d'adhésion de la part des intervenants.

Vaste programme… Existe-t-il des recettes, des trucs, des astuces de manager ? Pas vraiment, la solution se trouve plutôt dans la compréhension des mécanismes qui régissent le comportement humain en général et celui que chacun adopte dans le cadre d'une entreprise.

Une priorité

Le management est donc avant tout la mise en valeur des ressources humaines de l'entreprise. Vous devez donc considérer cette tâche comme une priorité. Un bon management peut fondamentalement faire la différence en termes d'efficacité par rapport à vos concurrents. La performance, la productivité et la créativité ne s'obtiennent que grâce à un management efficace. Qui plus est, cette tâche nécessite une attention de tous les jours. C'est votre management qui créera l'ambiance, l'implication du personnel, le partage de certaines valeurs et qui, au bout du compte, formera ce que l'on nomme couramment la *culture* de votre entreprise.

Le management idéal n'existe pas !

La recherche permanente de recettes miracles pour mieux « manager » les entreprises a fait apparaître, suivant les années et les modes, des méthodes censées résoudre les problèmes de motivation des salariés : les cercles de qualité, l'entreprise du 3e type, le management participatif, le zéro défaut, la qualité totale, le travail en équipe, la conquête du futur, l'entreprise apprenante, l'entreprise virtuelle ou encore « comment mieux manager telle ou telle catégorie de personnel », « en période de croissance », « en période de crise », et bien d'autres choses encore…

Certaines de ces réflexions, souvent justes, ont débouché sur des théories très vite transformées en méthodes infaillibles. L'appétit face à des solutions prêtes à l'emploi et universelles était tel que des engouements successifs se sont succédé. Ils ont fini par faire croire, parfois, qu'on avait trouvé le management idéal et que l'application de quelques certitudes, élevées au rang de recettes, produisait un effet miraculeux. Les managers ont vite déchanté et se sont quand même aperçu que, derrière des noms ronflants, se profilaient parfois des choses assez simples et connues de tous.

Ainsi, comme Monsieur Jourdain, de nombreux chefs d'entreprise font du bon management sans le savoir, et heureusement !

Listons maintenant les ingrédients qui font un management à peu près réussi.

Le comportement humain

Au-delà de toutes les recettes, passées et à venir, censées faire de vous le manager de l'année, la meilleure méthode de management que je connaisse est celle qui consiste :

- à d'abord observer et à comprendre le comportement humain ;
- puis à agir pour faire en sorte que les hommes et les femmes de votre entreprise aient envie de travailler ensemble dans un but bien défini et qu'ils comprennent l'utilité de leur travail et la manière dont celui-ci se combine avec celui des autres.

Voilà qui nécessite à coup sûr une bonne connaissance du comportement humain ! Elle ne s'acquiert à mon sens véritablement que sur le terrain. À moins que vous ne soyez un psychologue-né, instinctif et talentueux, vous commettrez sans aucun doute des erreurs de management. En effet, vous êtes là, incontournable, au milieu de votre personnel, avec votre manière de communiquer et vos défauts.

Le stress

Le stress de votre personnel est une donnée à laquelle vous devez être très attentif. Dans notre société, de plus en plus numérisée et informatisée, ce phénomène prend de l'ampleur et de plus en plus de personnes se plaignent d'être stressées du fait de leur travail. D'où cela peut-il bien venir ? Selon moi, il existe trois facteurs déclencheurs :

- En premier lieu, cela provient de l'idée assez répandue que les personnes sont plus performantes quand on les met sous pression. Toutefois, cela dépend du contexte et, surtout, du caractère des personnes.

- En deuxième lieu, la fixation d'objectifs souvent déraisonnables et théoriques provoque un sentiment d'échec et de frustration s'ils ne sont pas atteints, en plus d'une sanction financière lorsque la rémunération aux résultats est liée à ces objectifs.

- Enfin, des conditions de travail pénibles (bruit, promiscuité…) déconcentrent, fatiguent et finissent par faire rentrer les personnes en dépression.

Il me semble donc que :

- Mettre les gens sous pression ne peut se faire qu'avec leur consentement. En quelque sorte, il faut qu'ils acceptent un challenge, un défi et qu'ils soient d'accord pour le relever. C'est souvent le cas des commerciaux qui aiment prouver qu'ils sont de bons vendeurs.

- Si des objectifs doivent être fixés, ils doivent l'être en accord avec ceux ou celles qui seront chargés de les réaliser. À *PAP*, je fixe rarement des objectifs. Je préfère motiver les personnes en leur faisant confiance en étant persuadé qu'elle feront le maximum. Cela est efficace dans 90% des cas.

- Enfin, faire attention aux conditions de travail et remédier à ce qui ne fonctionne pas en prenant en considération les demandes de votre personnel si cela s'avère nécessaire.

La communication

Si l'on peut avoir une certitude concernant le management, c'est bien le fait que la communication soit sa clé de voûte. Sans communication, pas de management. Expliquer, écouter et entendre sont les bases du management.

Contrairement à ce qu'on pourrait penser, la communication n'est pas dans une entreprise la chose la plus facile à mettre en place, ni surtout à maintenir. D'ailleurs, vous entendrez souvent comme premier grief des salariés envers leur direction un manque de communication. Je suis prêt à parier que l'on vous fera ce reproche un jour dans votre société.

Sans communication, pas de management. Expliquer, écouter et entendre sont les bases du management.

La communication *ascendante* est celle qui se transmet du bas vers le haut, des niveaux inférieurs de la hiérarchie jusqu'à la direction générale. Cette communication est essentielle à l'entreprise pour deux raisons :

- les niveaux inférieurs de la hiérarchie détiennent des informations capitales dont ne dispose pas la direction générale parce qu'elle est trop éloignée du client final. Or ces informations sont indispensables pour prendre des décisions satisfaisantes et assurer la bonne marche de l'entreprise ;
- par ailleurs, en laissant remonter l'information (même si celle-ci vous paraît parfois un peu confuse ou désordonnée) et en en tenant compte, vous montrez à vos salariés que leur implication est réelle. Ils s'approprient ainsi un peu de l'entreprise en donnant leur point de vue, ce qui est capital.

La communication *descendante* est celle qui, contrairement à la précédente, émane de la hiérarchie et irrigue les différents

« étages » de l'entreprise. Cette communication proviendra essentiellement de vous et de vos collaborateurs les plus proches.

À l'inverse de la précédente, cette communication se doit d'être claire, précise et parfaitement compréhensible. Sa compréhension doit être totale, car elle véhicule les instructions, les objectifs et les stratégies de la direction générale.

Elle doit, si possible, refléter le fait que l'information ascendante a été entendue par la direction. Je dis bien *entendue* et non pas forcément *retenue*. Je m'explique : si vous demandez son opinion à quelqu'un et que vous prenez une décision contraire à son avis, il peut se sentir frustré, c'est humain.

Dès lors, il faut impérativement expliquer à vos salariés que toutes les informations et les avis dont vous disposez vous permettent de réfléchir et de prendre une décision, et que donc tout avis est important et surtout *utile*, même s'il n'est pas retenu.

La motivation

Mettez en place des systèmes de motivation (primes annuelles, primes d'objectif, commissions…), mais avec modération. La motivation est un phénomène complexe. Nous avons trop souvent tendance à penser que l'argent fait l'affaire, or ce n'est pas vrai.

À ce sujet, voici une petite anecdote. Lorsque j'étais jeune chef d'entreprise, je me suis trouvé un jour totalement débordé de travail, avec manifestement l'impossibilité de terminer ce que j'ai à faire dans la journée. Je décide d'y passer une bonne partie de la soirée, voire de la nuit. Une assistante me propose un coup de main : elle a un dîner chez elle qu'elle ne peut décommander, mais me promet de revenir vers minuit.

Effectivement, je la vois arriver après son dîner et se mettre au travail. À deux, nous avançons plus vite et vers trois heures du matin, nous avons terminé. Je la remercie, la raccompagne chez elle et rentre à mon tour.

> Sans me poser trop de questions, j'ajoute à la fin du mois sur sa feuille de salaire une petite somme en guise de remerciement. Quelques jours plus tard, elle demande à me voir et m'explique que je l'ai vexée, qu'elle n'était pas venue pour l'argent et que cela lui avait fait plaisir de « dépanner » l'entreprise. Stupéfait, je m'excuse auprès d'elle et la remercie à nouveau.

Sachez que la reconnaissance, l'estime, la responsabilité et le sentiment d'être utile sont parfois des motivations bien plus importantes que l'argent. Les syndicats ne le comprennent généralement pas, ou du moins ne l'acceptent pas, considérant que cela peut relever d'une manipulation malsaine. Cette situation arrive parfois et, elle est bien sûr condamnable, mais d'une manière générale, si dans votre entreprise vous arrivez à créer une ambiance qui donne envie à vos salariés de travailler d'arrache-pied, vous obtiendrez une efficacité qui fera aisément la différence face à vos concurrents.

La prise de décision

En entreprise, de multiples décisions sont prises chaque jour pour faire avancer tout le monde à peu près dans le même sens. C'est vous qui prendrez la plupart de ces décisions, et qui les expliquerez à vos salariés.

À ce sujet, je vous propose de réfléchir sur la problématique suivante : quelle est la part de l'irrationnel dans une décision ? Une décision doit-elle être rationnelle ? Et si elle ne l'est pas, comment la faire accepter ?

Vous allez sans doute me rétorquer qu'une « bonne » décision est forcément rationnelle, et qu'une décision irrationnelle risque d'être une « mauvaise » décision. Pas si simple ! Démonstration : avant de prendre une décision, vous allez, je suppose, réunir un ensemble d'informations, de données et d'avis, de manière à construire votre réflexion. Au terme de cette réflexion, vous allez trancher et prendre votre décision.

Cette manière de procéder vous donne l'illusion de la rationalité. Pourtant, à chaque étape de votre réflexion, l'irrationnel intervient : lors du choix des données (pourquoi celles-ci plutôt que celles-là), lors du choix des avis (pourquoi telles personnes et pas telles autres). Bien plus important encore : à la fin de votre processus, il vous faut « trancher ». Tiens donc ! Pourquoi trancher ? Y aurait-il encore un doute malgré le gros travail de réflexion que vous avez accompli ? Et qu'est-ce qui va vous permettre de trancher ?

Ma conclusion est que toute décision comporte une part d'irrationnel. Si ce n'était pas le cas, une seule solution s'imposerait, or c'est rarement le cas. À partir d'éléments concrets, votre cheminement sera logique, mais votre instinct, votre vision et votre ressenti feront la décision.

Ainsi, pour faire accepter par d'autres personnes une décision par essence irrationnelle, il faut l'habiller de rationnel (expliquer le cheminement logique qui vous a conduit à votre décision finale). Cette opération n'est pas toujours une sinécure ! Elle nécessite du charisme, de la patience, de la pédagogie et parfois un peu de mauvaise foi. Mais, chut, je ne vous ai rien dit…

Soyez précis dans vos directives

Une entreprise, quelle qu'elle soit, ne supporte pas le flou. Rien de pire qu'un management hésitant, chaotique ou peu directif. L'entreprise a besoin d'une philosophie globale (la culture d'entreprise) et d'un cap précis.

La philosophie globale de l'entreprise incombe presque exclusivement aux fondateurs et (ou) aux dirigeants. Le cap est à fixer par les dirigeants, et mieux vaut des objectifs à court terme qu'à long terme (bien souvent, ces derniers ne sont que des notions abstraites ronflantes, comme « devenir un acteur incontournable sur notre marché… »). Les buts à long terme peuvent constituer des objectifs dans la tête des dirigeants, pour maintenir une logique de développement, mais ils sont difficilement générateurs de mobilisation et de motivation du personnel.

Rien de pire qu'un management hésitant, chaotique ou peu directif. L'entreprise a besoin d'une philosophie globale et d'un cap précis.

En revanche, un objectif annuel ou semestriel de chiffre d'affaires (avec les moyens correspondants), la baisse d'une année sur l'autre du nombre de produits défectueux produits par l'entreprise, ou encore l'obtention d'au moins un gros contrat (sur deux possibles) avant la fin de l'année (et si on a les deux, on ouvre un jéroboam de champagne) sont des objectifs précis, mesurables et motivants.

Le management « boy-scout »

Bien souvent, au démarrage d'une entreprise, se met en place un management « boy-scout ». Dans l'euphorie du lancement et devant la quantité de travail à fournir, la rigueur s'efface devant une organisation un peu désordonnée dans laquelle les horaires sont élastiques et les pots fréquents. La philosophie se résume alors à peu près à ceci : l'essentiel est que le travail soit fait.

Elle fonctionne assez bien au début, mais très vite se fait sentir le besoin d'une organisation un peu plus structurée. Vous intervenez donc et commencez à repréciser les tâches de chacun, ainsi que la nécessité de respecter des horaires, ne serait-ce que pour être en phase avec les clients.

Et là commencent les ennuis… Telle personne, qui a travaillé avec acharnement pour vous filer un coup de main et qui pensait obtenir un poste, ne comprend pas que vous l'ayez confié à quelqu'un d'autre. Telle autre, qui n'a pas ménagé ses heures de travail, ne voit pas pourquoi elle serait obligée de venir à 9 heures pour faire l'ouverture, alors que jusqu'ici elle arrivait à 10 heures parce qu'« elle n'est pas du matin ». Telle autre encore, qui en a assez de faire le standard et qui pensait devenir votre assistante, se retrouve à l'accueil, etc. Je peux vous citer des dizaines de cas de ce genre. Tout ressort alors : les petites rancœurs personnelles, les problèmes familiaux, les illusions…

Vient le moment où vous allez devoir passer d'un management « boy scout sympathique » à quelque chose de plus structuré.

Vous avez atteint le délicat moment où vous allez passer d'un management « boy-scout sympathique » à quelque chose de plus élaboré. Vous détériorerez sûrement l'ambiance, mais ce sera pour la bonne cause !

Dans la série « comment se fâcher avec ses amis », imaginez ce que je vous ai décrit au paragraphe précédent avec vos proches. Je vous garantis l'explosion en plein vol ! Alors un conseil : réfléchissez sérieusement avant d'engagez des membres de votre famille ou des amis.

De toute façon, quoique je dise vous le ferez, comme moi je l'ai fait. Néanmoins, vous connaissez maintenant les conséquences de ce genre de décision. Apprêtez-vous donc à gérer les crises qui tôt ou tard se produiront. Bonne chance !

Rumeurs et ragots

« Radio moquette », vous connaissez ? Cette expression est employée en entreprise pour qualifier l'origine d'une rumeur. Comme toute rumeur, on ne sait jamais d'où elle vient et elle est généralement fausse. Vous y serez confronté un jour ou l'autre, mais il n'y a pas grand-chose à faire. Il s'agit bien souvent de l'interprétation erronée d'une décision que vous aurez prise ou d'un comportement que vous aurez eu. Ce phénomène universel est très agaçant. Selon la gravité de la rumeur, vous déciderez de l'enrayer ou de la laisser courir, mais dans tous les cas, soyez philosophe.

Les limites du travail en équipe

Il a toujours été de bon ton de porter aux nues le travail en équipe. Dans les écoles d'ingénieur ou de commerce, on oblige les étudiants à former des groupes (binômes, trinômes…) pour étudier un sujet ou développer un projet. C'est devenu un lieu commun de dire qu'« à plusieurs, on est plus efficace ». Au nom d'un enrichissement supposé grâce à la confrontation d'idées, la mise en commun d'expériences différentes et la complémentarité des caractères des individus, on considère que le travail en équipe est toujours une bonne chose. C'est pourtant loin d'être le cas.

Pour qu'un travail en équipe soit efficace, l'équipe doit être bien constituée (d'éléments complémentaires) et un responsable doit être désigné. Si les personnes composant l'équipe ne sont pas complémentaires, elles vont s'entre-déchirer ; s'il n'y a pas de responsable, tout le monde est responsable, autant dire personne.

Ainsi donc, il ne suffit pas de former une équipe pour que la performance suive. Une équipe se construit avec réflexion. Dites-vous qu'il vaut mieux parfois une seule personne compétente sur un sujet, qu'une équipe mal construite dans laquelle vont s'affronter des ego et des plans de carrière et s'ouvrir des parapluies pour se couvrir.

La réunionnite

Vous connaissez la *réunionnite*, cette manie de faire des réunions à tout bout de champ et pour n'importe quoi. Méfiez-vous de ce travers : il génère une perte de temps énorme, tout en donnant (consciemment ou non) à ceux qui l'adoptent l'illusion de travailler.

La réunionnite est une maladie dont la fréquence croît généralement avec la taille des entreprises, mais qui peut se contracter dans les petites ou moyennes entreprises qui veulent jouer aux grandes. Alors prudence !

Les réunions, cela dit, sont indispensables au bon fonctionnement d'une société. Pour qu'elles soient efficaces, elles doivent obéir à trois conditions : avoir un objectif, une durée et un « patron ».

Avoir un objectif : celui-ci doit être clair dès le début et au besoin rappelé au cours de la réunion si l'on s'en éloigne. Il permet aux participants de comprendre pourquoi ils sont là et ce qu'ils peuvent apporter à la réunion.

Cet objectif peut être de tout ordre, l'essentiel est qu'il soit connu dès le début. On peut distinguer trois sortes de réunions, celles durant lesquelles on doit :

* prendre une décision ;
* récolter l'avis des participants, leurs idées ;
* exposer une situation, un problème, un résultat, une analyse, autrement dit les réunions d'information.

Avoir une durée : il est essentiel d'estimer le temps maximum que doit prendre la réunion compte tenu de son objet. Il est recommandé de ne pas dépasser deux heures, car au-delà de cette durée, les personnes se fatiguent et, le débat finit bien souvent par tourner en rond.

Avoir un « patron » : une personne doit impérativement être désignée pour diriger et animer la réunion. Son rôle est de s'assurer que les conditions précédentes sont respectées : que la réunion se déroule dans le bon timing et que l'objectif n'est pas perdu de vue. Cette personne fait parler les timides et taire les bavards. Elle coordonne les interventions, détend l'atmosphère, et relance les débats quand la réunion s'enlise. En un mot, elle la rend efficace.

L'idéal est de faire ensuite un compte rendu de la réunion et de le donner à chaque participant.

On a coutume de dire qu'il y a deux sortes de réunions en entreprise : celles qu'il faut *supprimer* et celles qu'il faut *améliorer*. Pensez-y !

Avoir des responsabilités

La majorité des personnes vous diront qu'elles veulent des responsabilités, mais ce n'est pas vrai. Cela fait bien de le dire en société, mais en réalité, peu de gens ont une vraie notion de ce qu'est la responsabilité.

Quoi de plus agaçant qu'un cadre qui, face à une erreur de son service, se défausse sur un de ses subordonnés pour ne pas assumer vis-à-vis de vous la responsabilité de son erreur ? Quoi de plus énervant qu'un salarié qui invoque n'importe quel prétexte pour justifier sa bévue ?

Être responsable, c'est assumer ses actions et celles des personnes que l'on dirige. Cette définition est aussi valable pour vous, dans la conduite de votre entreprise. Si vous échouez, votre échec vous incombera. Si vous réussissez, vous pourrez bien évidemment vous en prévaloir. Un conseil cependant : assumez les échecs et partagez les réussites !

Le juridique

N'étant pas juriste de formation, je n'ai été confronté aux problèmes juridiques de l'entreprise que sur le terrain. Lors de la création de ma société tout d'abord : il fallut choisir la forme juridique de la société, rédiger les statuts, signer un bail commercial, recruter le premier salarié… Puis tout au long de son développement : relations avec les sous-traitants, gestion du personnel, protection des marques, gestion des conflits (prud'hommes, procès intentés ou subis). Le juridique est partout, autant vous y préparer, sans pour autant tomber dans la paranoïa – bien qu'en la matière le pire soit toujours possible (cela dépend quand même beaucoup de votre comportement).

Au début...

Voici maintenant ce qu'il vous faut régler au démarrage de votre activité.

Le nom et la forme juridique de votre société

Votre société va avoir un nom. Assurez-vous tout de suite que ce nom n'est pas une marque déposée ou tout simplement le nom d'une société déjà existante. Ce serait dommage de commencer votre carrière de chef d'entreprise par un procès pour utilisation d'une marque appartenant à quelqu'un ou d'un nom déjà utilisé.

Pour cela, une recherche à l'INPI (Institut national de la propriété industrielle, voir *Adresses utiles* en annexe) s'impose (pour les marques) et une consultation du site *www.societe.com* (pour savoir si une entreprise du même nom que la vôtre existe déjà).

Les statuts

Concernant la forme juridique (le statut) de votre entreprise, voici les différents types de sociétés, parmi lesquelles vous pourrez choisir celle qui vous convient le mieux, compte tenu de votre projet et de vos ambitions.

Je vous conseille de ne pas passer trop de temps à faire votre choix : il n'y a pas de forme de société idéale. Il n'y a que des formes de sociétés adaptées ou non à votre problématique. Là encore, allez au plus simple : une petite structure devrait vous suffire pour commencer. Selon l'évolution de votre projet, il sera toujours possible de faire évoluer le statut juridique de votre entreprise.

Pour simplifier et parce qu'il s'agit de l'immense majorité des créations d'entreprise, j'ai opté pour dire qu'un « associé » est une *personne physique* (et non une *personne morale*, c'est-à-dire une autre société). Ainsi, dès qu'il s'agira de la fiscalité d'un associé, ce sera toujours le régime de l'impôt sur le revenu qui sera appliqué, et non celui de l'impôt sur les sociétés.

▶ Vous créez seul votre société

Trois types de sociétés s'offrent à vous : l'entreprise individuelle, l'EURL et la SASU. À cela vient s'ajouter un statut un particulier : le statut d' « auto-entrepreneur ». Commençons par ce dernier.

L'auto-entrepreneur

Créé en 2008, le statut d'**auto-entrepreneur**, s'adresse aux personnes qui ne veulent pas nécessairement créer une société commerciale pour démarrer une activité. En effet, il peut s'avérer judicieux de tester une idée, une envie avant de se lancer véritablement. Cela permet ainsi de s'arrêter rapidement et facilement si cela ne marche pas. Il s'adresse principalement (mais pas exclusivement) aux étudiants, aux salariés, aux fonctionnaires, aux demandeurs d'emploi ou aux retraités.

Ce statut se caractérise par une très grande souplesse et de nombreux avantages. Notamment celui de ne payer de charges sociales et fiscales que si vous réalisez un chiffre d'affaires :

Pas de chiffre d'affaires = pas de charges sociales ou fiscales

Sa forme juridique est obligatoirement celle de l'entreprise individuelle (pas de capital minimum et responsabilité du dirigeant). Dispense d'inscription au registre du commerce et des sociétés. Application du régime fiscal et social des micro-entreprises (paiement mensuel ou trimestriel par prélèvement libératoire calculé sur le chiffre d'affaires). De même l'auto-entrepreneur n'est pas soumis à la TVA (régime des micro-entreprises). Création et radiation simple et rapide, possible par Internet.

Ce statut est réservé aux activités ne développant pas plus de **80 000 euros** de chiffre d'affaires annuel (pour les sociétés de vente de marchandise) et **32 000 euros** (pour les sociétés de services).

L'entreprise individuelle

Capital : aucun.

Statut du chef d'entreprise : commerçant. Ce n'est donc pas un salarié. Ce dernier point implique des cotisations particulières en lieu et place des cotisations salariales habituelles :

- régime d'allocations familiales des employeurs et travailleurs indépendants ;
- régime d'assurance-vieillesse des industriels et commerçants ;
- régime d'assurance-maladie et maternité des travailleurs non-salariés des professions non-agricoles.

Entité juridique : d'un point de vue juridique, l'entreprise individuelle n'est pas à proprement parler une société. En effet, elle ne constitue pas une entité à part, mais se confond avec l'entrepreneur lui-même et ne forme avec lui qu'une seule et même entité juridique. Ceci est très important, car cela signifie qu'il y a *confusion de patrimoine entre l'entrepreneur et l'entreprise.*

Responsabilité de l'entrepreneur : la confusion de patrimoine entre l'entrepreneur et l'entreprise constitue le principal inconvénient de l'entreprise individuelle, car l'entrepreneur est, de fait, indéfiniment responsable des dettes de l'entreprise sur la totalité de son patrimoine. Cependant, il *peut se protéger partiellement,* en déclarant « insaisissable » sa résidence principale s'il en a une. Pour ce faire, il lui suffit de faire une déclaration dans ce sens, obligatoirement devant notaire, et de la publier au bureau des hypothèques et dans un journal d'annonces légales.

Régime d'imposition : l'entrepreneur est soumis à l'*impôt sur le revenu,* le bénéfice de l'entreprise étant considéré comme le revenu du chef d'entreprise (possibilité d'un abattement de 20 % sur les bénéfices imposables, dans la limite d'un plafond revalorisé tous les ans, si l'entreprise adhère à un centre agréé de gestion).

L'EURL (Entreprise Unipersonnelle à Responsabilité Limitée)

Capital : oui, mais aucun minimum requis. Ce capital est divisé en parts.

Statut du chef d'entreprise : commerçant. Ce n'est donc pas un salarié. Ce dernier point implique des cotisations particulières en lieu et place des cotisations salariales habituelles :

- régime d'allocations familiales des employeurs et travailleurs indépendants ;
- régime d'assurance-vieillesse des industriels et commerçants ;
- régime d'assurance-maladie et maternité des travailleurs non-salariés des professions non-agricoles.

L'associé unique se désigne généralement comme *gérant*.

Responsabilité de l'entrepreneur : limitée aux apports, sauf en cas de faute de gestion (sa responsabilité est alors étendue à ses biens personnels). L'aspect « à responsabilité limitée » de l'EURL est bien souvent une illusion, dans la mesure où certains créanciers, ou les banques, demandent des garanties personnelles…

Régime d'imposition : *impôt sur le revenu*, le bénéfice de l'entreprise étant considéré comme le revenu du chef d'entreprise (possibilité d'un abattement de 20 % sur les bénéfices imposables, dans la limite d'un plafond revalorisé tous les ans, si l'entreprise adhère à un centre agréé de gestion). L'entreprise a la possibilité d'opter pour le régime de l'*impôt sur les sociétés*.

L'avantage de l'EURL sur l'entreprise individuelle réside dans le fait qu'il n'y ait pas confusion de patrimoine. Cela implique une gestion comptable et financière de l'EURL totalement indépendante de vos comptes personnels, donc plus rigoureuse. Cela permettra plus tard, si le besoin s'en fait sentir, de transformer facilement la société en SARL, en SAS ou en SA dans de bonnes conditions.

Au-delà de certains seuils (CA supérieur à 3 100 000 €, bilan supérieur à 1 550 000 €, plus de 50 salariés), il est obligatoire d'avoir un commissaire aux comptes et un suppléant. Cette obligation est valable dès lors que deux de ces seuils sont dépassés.

La SASU (Société par Actions Simplifiées Unipersonnelle)

Capital : capital minimum de 37 000 €, divisé en actions.

Statut du chef d'entreprise : l'associé unique *n'est pas commerçant*. C'est un salarié.

Responsabilité de l'entrepreneur : *limitée au montant de son apport* (sauf bien sûr s'il a donné des garanties ou des cautions sur ses biens propres).

Régime d'imposition : *impôt sur les sociétés*. Le dirigeant est rémunéré et soumis à l'*impôt sur le revenu*. Il perçoit en plus, s'il y en a, des dividendes sur les bénéfices.

Un commissaire aux comptes et un suppléant sont obligatoires.

▸ Vous créez votre société à plusieurs

Quatre types de sociétés s'offrent à vous : la SNC, la SARL, la SAS et la SA.

La SNC (Société en Nom Collectif)

Il s'agit *presque* d'une entreprise individuelle, mais à plusieurs.

Nombre minimum d'associés : 2.

Capital : oui, mais aucun minimum n'est requis.

Statut des associés : ils ont tous la qualité de *commerçant*. De plus, qu'ils soient gérants ou non, ils doivent être inscrits à une caisse d'assurance vieillesse, à une caisse d'assurance-maladie et maternité et à une caisse d'allocations familiales des employeurs et travailleurs indépendants.

Entité juridique : à la différence de l'entreprise individuelle, la SNC a la personnalité *morale*, c'est-à-dire qu'elle constitue une entité à part.

Responsabilité des associés : les associés sont responsables solidairement et indéfiniment des dettes de l'entreprise.

Régime d'imposition : les associés sont soumis à l'*impôt sur le revenu*, le bénéfice de l'entreprise étant considéré comme le revenu de l'ensemble des associés (possibilité d'un abattement de 20 % sur les bénéfices imposables, dans la limite d'un plafond revalorisé tous les ans, si l'entreprise adhère à un centre agréé de gestion). Ils sont donc soumis au même régime fiscal que les commerçants individuels, c'est-à-dire qu'ils intègrent dans leurs revenus la quote-part de bénéfice de la société qui leur revient. L'entreprise a la possibilité d'opter pour le régime de l'*impôt sur les sociétés*.

La SARL (Société A Responsabilité Limitée)

Nombre minimum d'associés : 2.

Capital : oui, mais aucun minimum n'est requis. Le capital est divisé en parts.

Statut du gérant : concernant la gérance (le gérant est le patron de l'entreprise), soit le gérant n'est pas associé, est associé minoritaire ou égalitaire (50 % ou moins du capital) et il relève aussi du régime général de la sécurité sociale ; soit il est associé majoritaire, et il relève du régime général des travailleurs non salariés.

Entité juridique : la SARL a la personnalité *morale*. Elle constitue une entité à part. Elle possède son propre patrimoine, totalement distinct de celui de ses associés.

Responsabilité des associés : *dans la limite de leurs apports* (sauf, bien sûr, s'ils ont donné des garanties ou des cautions sur leurs biens propres). *Idem* pour le gérant associé, à moins que celui-ci ne commette des fautes caractérisées de gestion, auquel cas sa responsabilité pourrait être engagée.

L'aspect « à responsabilité limitée » de la SARL est bien souvent une illusion, dans la mesure où certains créanciers ou les banques, demandent des garanties personnelles.

Régime d'imposition : *impôt sur les sociétés.* Le bénéfice de l'entreprise se calcule déduction faite des rémunérations octroyées aux dirigeants, associés ou non. Ces derniers relèvent bien évidemment du régime de l'*impôt sur le revenu.*

✎ Nota

Au-delà de certains seuils (CA supérieur à 3 100 000 €, bilan supérieur à 1 550 000 €, plus de 50 salariés), il est obligatoire d'avoir un commissaire aux comptes et un suppléant. Cette obligation est valable dès lors que deux de ces seuils sont dépassés.

La SAS (Société par Actions Simplifiées)

La SAS est comme la SASU, vue précédemment, mais *à plusieurs.*

Nombre minimum d'actionnaires (dans le cas des SAS et des SA on parle d'actionnaires et non pas d'associés): 2.

Capital : 37 000 € minimum.

Statut du président : la SAS est dirigée par un président. Il a le statut d'un salarié. S'il est associé, sa responsabilité est la même que les autres associés à moins de fautes graves caractérisées de gestion.

Entité juridique : la SAS a la personnalité *morale.* Elle constitue une entité à part. Elle possède son propre patrimoine, totalement distinct de celui de ses associés.

Responsabilité des associés : *limitée au montant de leurs apports* (sauf bien sûr s'ils ont donné des garanties ou des cautions sur leurs biens propres).

Régime d'imposition : *impôt sur les sociétés.* Les *dirigeants* sont rémunérés et soumis à l'*impôt sur le revenu.* Ils perçoivent en plus, s'il y en a, des dividendes sur les bénéfices.

Un commissaire aux comptes et un suppléant sont obligatoires.

La SA (Société Anonyme)

Je ne parlerai ici que de la SA à conseil d'administration, la plus courante.

Nombre minimum d'actionnaires : 7.

Capital : 37 000 € minimum, divisé en actions.

Entité juridique : la SA possède la personnalité *morale*. Elle constitue une entité à part. Elle possède son propre patrimoine, totalement distinct du patrimoine de ses associés.

Responsabilité des associés : la responsabilité des actionnaires est *limitée au montant de leurs apports* (sauf bien sûr s'ils ont donné des garanties ou des cautions sur leurs biens propres).

Régime d'imposition : *impôt sur les sociétés*. Les dirigeants sont rémunérés et soumis à l'*impôt sur le revenu*. Ils perçoivent en plus, s'il y en a, des dividendes sur les bénéfices.

Organisation : lors d'une assemblée générale ordinaire, les *actionnaires* nomment parmi eux les *administrateurs* (3 au minimum, 18 au maximum) qui vont composer le conseil d'administration. Les administrateurs nomment à leur tour le *président du conseil d'administration*. La direction de la SA est assurée par le *conseil d'administration*. La direction générale de l'entreprise est généralement confiée au président du conseil d'administration, qui se retrouve ainsi « président-directeur général ». Néanmoins, cette fonction peut être confiée à quelqu'un d'autre. Un commissaire aux comptes et un suppléant sont obligatoires.

Responsabilité des dirigeants : la même que celle des actionnaires, sauf fautes graves caractérisées de gestion.

▸ Conclusion

Comme nous l'avons déjà dit dans l'introduction de ce chapitre, ceci n'est qu'un survol rapide des possibilités qui vous sont offertes pour démarrer. Je vous renvoie aux ouvrages spécialisés si vous souhaitez approfondir le sujet. Surtout faites simple, optez pour :

- une *entreprise individuelle* si votre projet est modeste, « artisanal », quasiment sans risque et que vous souhaitez rester seul ;
- une *EURL* si vous êtes seul et que vous pensez que votre projet peut prendre de l'ampleur. Vous pourrez toujours la transformer en *SARL* si vous vous associez, ou en *SASU* si vous grossissez ;
- une *SARL* si vous êtes plusieurs. Vous pourrez toujours la transformer en *SAS* ou en *SA* si besoin, en fonction de votre développement.

Comme vous pouvez le constater, et fidèle à mes principes, je vous recommande de démarrer petit et de grossir progressivement, en adaptant votre structure à la taille de votre entreprise.

Il existe dans de nombreux ouvrages consacrés à la création d'entreprise et sur Internet des statuts types correspondant aux différentes formes de sociétés. Ils sont standards et vous pouvez les adopter sans crainte. Lisez-les tout de même : vous vous constituerez un début de culture juridique. Au besoin, faites-les vous expliquer par un ami chef d'entreprise, par un juriste ou par un avocat.

La signature d'un bail

Il vous faut un local ou au moins un *siège social* pour domicilier votre entreprise. Quatre solutions s'offrent à vous :

- vous vous domiciliez chez vous, *à votre domicile* (vous avez cette possibilité pendant les cinq premières années de votre entreprise selon la loi 2003-721 du 1er août 2003) ;
- vous louez un bureau *dans un centre d'affaires* : ce n'est pas forcément la formule la moins chère, mais c'est en tout cas la plus pratique après la précédente (vous trouverez plus de renseignements sur de nombreux sites Internet, en tapant « centres d'affaires » par exemple sur Google)) ;
- vous signez un *bail précaire* pour une durée maximum de deux

ans. Cette formule a l'avantage de ne pas vous lier pendant au moins trois ans (voir ci-dessous) ;

* vous signez un *bail 3/6/9*. Il s'agit d'un bail qui vous protège, mais que vous ne pouvez dénoncer qu'à la fin des périodes triennales. À la fin des neuf ans, le propriétaire est tenu de renouveler le bail, à moins de vous payer une « indemnité d'éviction ».

Le seul vrai problème qui se pose quand on veut signer un bail pour une société en cours de formation, c'est justement qu'elle *est en formation*. En effet, tous les propriétaires vous demanderont l'immatriculation de votre société au registre du commerce (voir plus loin *La procédure de création de votre entreprise : les CFE*, page 131). Seulement, pour obtenir cette immatriculation, il faut le bail ! Pour ne pas vous arracher les cheveux, immatriculez votre société avec n'importe quelle adresse (votre domicile, un centre de domiciliation…) et régularisez la situation plus tard.

> **Immatriculez votre société avec n'importe quelle adresse et régularisez la situation plus tard.**

L'ouverture d'un compte bancaire

Pour déposer de l'argent dans une banque au nom de votre société, pas de souci. En revanche, pour retirer de l'argent sur le compte de votre société (que vous venez d'ouvrir), il vous faut l'immatriculation au registre du commerce. Oui, mais pour avoir l'immatriculation au registre du commerce, vous devez présenter le récépissé du dépôt des fonds à la banque !

Conclusion : entre le moment où vous déposez les fonds sur le compte bancaire de la société et le moment où vous obtenez l'immatriculation, s'écoule un laps de temps (15 jours à trois semaines environ) pendant lequel vous ne pouvez pas toucher à l'argent que vous avez vous-même déposé ! Magnanimes, les banques vous autorisent à retirer de l'argent, mais considèrent ces retraits comme des découverts, et à ce titre vous font payer des intérêts dessus.

La protection de vos marques à L'INPI

Comme vous vous êtes assuré de ne pas utiliser des marques existantes ou un nom de société déjà créée, vous devez protéger les marques que vous allez lancer. Pour cela, prenez contact avec l'INPI et déposez vos marques. Par ailleurs, je vous recommande de réserver tout de suite les noms de domaine Internet correspondant à vos marques. Ce serait dommage de ne pas pouvoir ouvrir un site Internet au nom d'une de vos marques !

> ♀ Remarque
>
> Quand vous déposez une marque à l'INPI, vous vous assurez en même temps qu'elle n'existe pas déjà. Sage précaution. Si effectivement elle n'existe pas, il vous faut faire une deuxième vérification : savoir *si une société du même nom que votre marque n'existe pas déjà*. En effet, si tel est le cas, votre dépôt de marque n'aura aucune valeur : l'utilisation d'une marque, même sans dépôt, vaut dépôt à la date de sa *première* utilisation.. Le dépôt d'une marque vous protège donc entre le moment ou vous la déposez et le moment ou vous l'utilisez (sans utilisation de la marque le dépôt est valable dix ans. Après, il faut le renouveler).

La procédure de création de votre entreprise : les CFE

Il existe dans toutes les chambres de commerce et d'industrie (CCI) de France des « guichets uniques », qui s'appellent des CFE (Centres de Formalités des Entreprises).

La liste des CFE dont dépend votre commune est facilement accessible sur Internet.

Ces CFE ont pour tâches de *centraliser* l'ensemble des pièces nécessaires à la création d'une entreprise et de les *transmettre* auprès des différents organismes et administrations concernés par la création d'entreprise (INSEE, services fiscaux, Urssaf, caisses de retraites, greffe du tribunal de commerce, registre du commerce…).

Il suffit donc d'aller voir votre CFE, de remplir le formulaire « Déclaration de création d'une entreprise » et d'y joindre les différentes pièces demandées (informations disponibles sur www.cfe.ccip.fr). Peu de temps après (sous quinze jours, trois semaines), vous recevrez un numéro d'inscription au registre du commerce qui sera l'*immatriculation* de votre société.

Pour une SARL, on vous demandera par exemple :

- deux originaux des statuts paraphés, datés et signés par les associés ;
- l'original de l'attestation de dépôt de fonds à la banque ;
- une copie de l'attestation de parution dans un journal d'annonces légales indiquant le nom du journal et la date de parution (vous devez en effet obligatoirement faire paraître, dans un journal d'annonces légales, la création de votre société. La liste des journaux habilités à publier ce genre d'insertion est disponible sur le site www.tpe-pme.com) ;
- un bail, ou un justificatif de domiciliation, ou un justificatif de domicile de moins de trois mois ;
- une déclaration sur l'honneur de non-condamnation et de filiation (nom du père et de la mère) ;
- une copie de la carte d'identité ou du passeport ;
- un chèque d'environ 80 €.

Ensuite...
choisir un (ou des) avocat(s)

Le choix d'un avocat (ou d'un cabinet d'avocats) relève d'un parcours assez hasardeux. Vous choisissez un ami qui est devenu avocat, ou un ami d'ami (« on vous a dit qu'il était bon »), ou bien un avocat qui vous a laissé sa carte lors d'un dîner, etc. Difficile de dégager une méthode dans tout cela...

Forcément, vous tâtonnerez. J'en ai, pour ma part, épuisé trois, avant de trouver le quatrième à qui je suis encore aujourd'hui fidèle, car nous nous entendons et surtout nous nous comprenons bien. Épaulé de plus par un juriste avec lequel j'ai une grande complicité, mes problèmes juridiques sont, de mon point de vue, entre de bonnes mains.

Le seul conseil que je peux vous donner est de chercher celui qui vous correspond, qui vous écoute, que vous comprenez, et avec qui vous vous sentez en confiance. De votre côté, il vous faudra aussi faire preuve d'écoute et de concentration, en particulier pour comprendre le mode de fonctionnement de la justice et ses procédures.

Pour choisir un avocat, fiez-vous à votre instinct plus qu'à votre raison.

Sachez aussi que les avocats et les juristes ne sont pas bons dans tous les domaines. On distingue les fiscalistes, les pénalistes, les avocats spécialisés dans le droit du travail, le droit des affaires, le droit international, etc. Il y a aussi les avocats de dossiers et les plaideurs. C'est pour cela que dans certaines affaires un peu compliquées, vous voyez intervenir plusieurs avocats.

Le fonctionnement de la justice

... est très lent

C'est le premier sentiment que vous aurez face à la justice. Et il est vrai que la justice en France est lente. Les circuits sont engorgés, et les juges débordés. Il vous faudra ainsi, lorsque vous intenterez des actions en justice, prendre votre mal en patience. Un premier jugement peut prendre deux ans, et avec les appels et les recours en cassation possibles, certaines décisions peuvent être rendues cinq ans après !

... est très formaliste

Les actions en justice obéissent à des procédures très précises. Y déroger est impossible et la première des compétences demandées à un avocat ou à un juriste est de les respecter, sous peine de voir votre action en justice annulée pour vice de forme. Cette décision est très désagréable à entendre, surtout si vous aviez la quasi-certitude d'avoir gain de cause. Aussi n'en voulez pas forcément à votre avocat s'il est tatillon : il n'y peut rien. Demandez-lui plutôt de vous expliquer ce qu'il a fait et pourquoi. C'est le seul moyen que vous avez pour participer indirectement à la procédure et donner éventuellement votre avis.

... est parfois « injuste »

Même si globalement la justice en France ne fonctionne pas si mal que cela, certaines de ses décisions vous resteront en travers de la gorge. Disons même que vous les considérerez comme « injustes ». Vous éprouverez sûrement ce sentiment face à une décision de justice qui ne vous sera pas favorable. Il faudra alors vous dire que soit vous aviez vraiment tort, soit votre dossier était faible, soit votre avocat était fatigué. Cependant, vous pourrez toujours faire appel !

Dans tous les cas, gardez votre sang-froid et votre bon sens, et ne devenez pas un procédurier à tous crins. Ne soyez pas de mauvaise foi, sachez aussi perdre avec grâce.

La publicité

Quelques mots sur la publicité ou d'une manière plus générale, sur la communication de votre entreprise. Avant tout, soyons clairs, la communication de votre entreprise n'a qu'un seul but : vous aider à vendre vos produits. Tout autre discours n'a aucun intérêt.

La publicité est-elle un art ? Je n'en sais rien, et sincèrement pour le sujet qui nous occupe (la création d'entreprise), nous éviterons de nous poser la question.

La publicité est-elle nécessaire ? Oui. Et je dirai même plus : elle est indispensable, à condition d'en avoir une vision globale et non de la restreindre à une simple caricature comme « un spot de trente secondes à la télévision » ou « une page quadri sur papier glacé dans un magazine ». Cela explique ma préférence pour le terme *communication* que je trouve plus proche de ce que vous serez tenu de faire pour le développement de votre entreprise.

En effet, dès l'impression de vos premières cartes de visites, vous communiquez. Ces cartes de visites véhiculent un peu de vous-même ; pas grand-chose, j'en conviens, mais c'est un début. Le papier à en-tête, les enveloppes, votre marque, votre logo… c'est de la communication.

Harmonisez tout ce qui va être destiné à vos futurs clients : polices de caractères, couleurs, maquette…

Un maître mot pour toutes ces réalisations : la *cohérence*. Harmonisez tout ce qui va être destiné à vos futurs clients : polices de caractères, couleurs, maquette… Tout doit être conçu selon la même charte graphique, et autant que faire se peut dans la simplicité. Ces premiers documents vont en effet véhiculer un peu de votre image, ou, du moins, de l'image que vous voulez donner de votre entreprise. Alors, prenez le temps de les réaliser avec soin. Si vous vendez des produits « haut de gamme », soyez distingué jusque dans vos documents. Si vous vendez plutôt du milieu ou du bas de gamme, restez simple.

La vente, la notoriété et l'image

À quoi sert la publicité ? Nous l'avons déjà dit : à vous aider à vendre vos produits ou vos services. Pour cela, la publicité agit de trois manières :

- elle vous fait vendre ;
- elle vous fait connaître ;
- elle vous donne une image.

Ces trois paramètres, la vente, la notoriété et l'image sont très liés. Il est néanmoins possible de les isoler et d'en privilégier un par rapport aux autres. Vous devrez vous contraindre à cet exercice avant l'élaboration d'une stratégie de communication, en vous posant tout simplement la question : quel est mon objectif ? Vous choisirez parmi les trois points ci-dessus celui auquel vous voulez donner la priorité.

Vendre, vendre, vendre

Vendre est évidemment le choix à faire quand on démarre une entreprise. Quels sont alors les moyens de communication à votre disposition, et quel type de publicité mettre en œuvre ? Une seule réponse : le marketing direct.

Qu'est-ce que c'est ? Comme son nom l'indique, le marketing direct est la vente *directe* de votre produit ou de votre service à l'utilisateur final. Si votre utilisateur final est une entreprise, votre activité relève du *business to business* (B to B). Si en revanche votre client final est un particulier, vous êtes dans le *business to consumer* (B to C).

Il s'agit donc de s'adresser directement aux clients finaux et de leur vendre en direct, sans réseau de distribution ni intermédiaire, les produits ou les services de l'entreprise. Voici ci-dessous quelques manières de faire du marketing direct.

S'il ne s'agit « que » de vendre, un seul moyen : le marketing direct…

▶ La prospection téléphonique

Très employée, en B to B comme en B to C, la prospection téléphonique consiste à appeler une liste de prospects sélectionnés auparavant pour leur adéquation avec ce que vous vendez et à les convaincre d'acheter votre produit.

Cela peut se faire :

* en un temps : après avoir écouté votre argumentaire, la personne accepte d'acheter votre produit. Vous vous engagez à le lui livrer dans un délai convenu, et elle vous paye soit à réception, soit directement en vous laissant son numéro de carte bancaire ;

- en deux temps : après avoir écouté votre argumentaire, la personne accepte de recevoir une documentation. Après avoir pris le temps de la réflexion, elle vous enverra éventuellement le bon de commande que vous aurez pris soin de joindre à votre envoi.

Dans le B to B, cette dernière solution se combine souvent avec une prise de rendez-vous : vous devez donc convaincre la personne de vous recevoir. Cette dernière peut aussi demander à recevoir une documentation avant de vous rencontrer. Bref, tous les cas de figure peuvent se présenter, selon les produits ou services proposés.

Sachez simplement que dans ce type de prospection, il existe des ratios de rendement, qui dépendent bien évidemment de ce que vous vendez. Ils vous permettront, dès que vous les aurez identifiés, de faire des prévisions sur les ventes que vous allez réaliser. Une chef de publicité me racontait un jour sa manière de travailler et me disait : « La vente, c'est mécanique : je passe dix coups de téléphone, j'obtiens quatre rendez-vous et je signe un contrat ! » Elle connaissait ses ratios.

Des ratios de rendement vous permettront, dès que vous les aurez identifiés, de faire des prévisions sur les ventes que vous allez réaliser.

▸ Le mailing

Très employé aussi, en B to B comme en B to C, le mailing consiste à envoyer un courrier, une documentation ou plus généralement un ensemble de documents à un fichier d'adresses de prospects préalablement sélectionnés. Dans cet envoi, est généralement inséré un bon de commande ou une demande d'informations complémentaires, destinée à obtenir une réaction du prospect. Le contenu de l'envoi est très important, élaborez-le donc avec beaucoup d'attention, en imaginant les réactions probables de votre prospect. Je vous conseille de regarder ce qui se fait déjà : ouvrez et étudiez ceux que vous recevez dans votre boîte à lettres, et gardez-les. En principe, ces mailings ont déjà fait l'objet de réflexion et d'études, et ils fonctionnent. Inspirez-vous en !

De toute façon, sachez au moins, sans pour autant vous décourager :

- que neuf mailings sur dix vont directement à la poubelle ;
- que faire ouvrir un mailing à un prospect est déjà un exploit ;
- et qu'après avoir lu le mailing, il n'est pas forcément convaincu !

Avec l'expérience, vous aurez, comme pour la prospection téléphonique, des ratios de rendement qui vous permettront de calculer le coût d'acquisition d'un client, et de distinguer les offres qui sont efficaces de celles qui ne fonctionnent pas.

▸ La page de publicité avec coupon-réponse

Ce type de publicité est un grand classique du marketing direct, qui se réalise généralement en deux temps.

Premier temps : vous achetez une page (ou une demi-page, ou un quart de page) de publicité dans un journal, une revue, un magazine. Dans cette publicité figure, outre l'accroche, le visuel et le texte explicatif, un bon à découper.

Ce bon à découper permet en principe aux prospects de demander un peu plus d'informations sur le produit que vous vendez. Il sert ainsi à effectuer un tri parmi vos prospects. En effet, on peut considérer que toute personne qui a pris la peine de découper, puis de remplir le bon à découper avant de vous l'envoyer, est d'une part sensible à votre message, et, d'autre part, susceptible d'acheter votre produit, si le reste de votre argumentaire la convainc.

Deuxième temps : vous envoyez une documentation pour faire la vente. Là encore, la qualité de votre publicité et de votre documentation est essentielle. Quand je dis *qualité*, je ne parle pas d'*esthétisme*. Il ne faut pas penser à réaliser un « joli » mailing, mais à ce qu'il soit convaincant et crédible.

▸ Les salons, les foires

Il existe deux types de salons : les *salons professionnels* et les *salons grand public (parfois appelés foires).*

Vous avez un ou des produits que vous aimeriez voir référencés dans des magasins de détail qui se chargeraient de le vendre au grand public ? Soyez présent au salon professionnel de votre secteur. Dans ces salons réservés aux professionnels, les exposants sont des entreprises comme la vôtre ; les visiteurs sont des détaillants qui viennent s'approvisionner en produits à vendre. Le grand public ne visite pas ce genre de salons, qui sont en principe sur un thème donné : le jouet, le cadeau d'entreprise, l'objet de décoration, etc.

Les *foires* et les salons grand public en revanche, sont destinés au grand public. Vous pouvez y avoir un stand et y proposer vos produits, pour les vendre ainsi directement aux particuliers.

▸ L'e-mailing

Comme son nom l'indique, l'e-mailing est un mailing *via* Internet. Son énorme avantage sur le mailing traditionnel est sa gratuité ! La seule difficulté est l'obtention d'un fichier d'adresses e-mails, qui est plutôt difficile. En effet, il n'existe pas d'annuaires d'e-mails. Certaines sociétés commercialisent néanmoins des adresses. Attention cependant, car la qualification n'est pas très fiable.

Qu'est-ce que la qualification d'un fichier ? C'est l'ensemble des caractéristiques des personnes présentes dans le fichier. Par exemple : jeunes de moins de 20 ans ayant déjà acheté un jeu video sur Internet ; hommes femmes de plus de 50 ans abonnés à une revue de télévision ; propriétaires de leur logement etc. Sur Internet, les gens ont tendance à dire n'importe quoi quand on leur demande leur âge ou leur profession ce qui rend donc la qualification délicate.

Sachez aussi qu'un e-mailing n'a aucune efficacité dans le temps. Le résultat s'obtient immédiatement, au maximum une semaine plus tard. Au-delà de ce délai, vous n'aurez plus de remontées. En revanche, un mailing traditionnel peut durer des années, les personnes conservant parfois très longtemps les courriers qu'elles reçoivent.

Un e-mailing n'a aucune efficacité dans le temps. Le résultat s'obtient immédiatement après l'envoi, au maximum une semaine plus tard.

▶ Internet

Internet est de plus en plus un moyen de commercialiser ses produits. Le développement de l'e-commerce est là pour en témoigner.

Pour utiliser ce type de marketing direct, vous devez créer un site sur lequel figureront les produits que vous vendez, avec leur description et leur prix, un argumentaire de vente, ainsi que les moyens de paiement acceptés et les conditions générales de vente. Bref, votre site sera un magasin virtuel avec des photos et de nombreuses explications pour qu'une vente puisse se faire immédiatement en ligne (idéalement avec une carte bancaire). C'est du marketing direct à l'état pur, avec un espace de communication illimité. Vous pouvez tenir sur votre site le même discours qu'un vendeur de magasin. Alors à vous de jouer !

Ces différentes méthodes (prospection téléphonique, mailing, page de publicité, salons, foires, Internet) peuvent être combinées :

- mailing suivi d'une prospection téléphonique ;
- page de publicité avec retour de coupon, puis envoi d'une documentation et relance téléphonique ;
- site Internet avec formulaire pour demander un envoi de documentation, etc.

Tout ceci vous permettra de vous constituer des fichiers de clients potentiels, voire de clients tout court. Ces fichiers clients sont très importants. Ils ont même une valeur marchande pour l'entreprise, qui peut à son tour les louer à d'autres entreprises, et obtenir une recette supplémentaire non négligeable pour son compte d'exploitation.

L'utilisation du marketing direct vous permettra de vous constituer des fichiers de clients potentiels, voire de clients tout court.

Pensez aussi à faire des *offres promotionnelles* et des *cadeaux* : ça marche toujours !

Concernant les prix, gardez à l'esprit une règle d'or : ne fixez jamais de prix ronds. 395 € est un meilleur prix que 400 €. Osez même parfois le 399 € : si ce prix fait toujours sourire, je peux vous assurer qu'il est très efficace.

Faites-vous connaître : la notoriété

La publicité a pour autre but, et non des moindres, de vous faire connaître. À la différence du marketing direct dont nous venons de parler et qui, ayant pour but essentiel de vendre votre produit, ne vous fera connaître que des prospects susceptibles de l'acheter, vous pouvez décider d'une action publicitaire destinée à vous faire connaître du plus grand nombre, même de ceux que votre produit n'intéresse pas *pour le moment*. L'idée, c'est que votre communication s'installe dans la durée pour que, le moment venu, une personne intéressée par votre produit pense à vous.

Face à cette problématique, il y a trois choses à savoir :

- une notoriété s'acquiert avec le temps ;
- vous pouvez gagner du temps en dépensant beaucoup d'argent ;

* vous pouvez économiser beaucoup d'argent en étant très créatif.

Pour illustrer ce dernier point, rappelez-vous de ce petit film publicitaire de dix secondes pour Ovomaltine, dans lequel un homme tenait dans sa main une barre d'Ovomaltine transformée en bâton de dynamite et disait avec un accent suisse : « J'ai dix secondes pour vous dire que la barre Ovomaltine, c'est de la dynamite ! » Le tout se terminait par une grande explosion. Avec un petit budget, le résultat fut important en termes de notoriété, grâce à une grande créativité.

À l'inverse, vous avez sûrement déjà été confronté au matraquage publicitaire lors de certaines campagnes de publicité commandées par des annonceurs ayant beaucoup d'argent. Il est parfois évident que l'annonceur a simplement décidé de se construire une notoriété et rien d'autre. Je me souviens d'un film de publicité pour les meubles Darnal, dans lequel on voyait un hurluberlu répéter « Meubles Darnal, meubles Darnal, meubles Darnal… » pendant dix secondes sur tous les tons, et recevoir un buffet campagnard sur la tête en guise de final. Critiquée par beaucoup parce qu'elle ne construisait aucune image – elle créait même une image plutôt négative, tant le discours était pauvre –, cette campagne remplit tout de même totalement son rôle et fit la notoriété de la marque.

D'une manière générale, l'installation d'une marque ou d'un produit dans l'inconscient collectif demande du temps, beaucoup de temps. Matraquage et créativité ne sont que de formidables accélérateurs. En conséquence, si vous n'avez pas de gros moyens ou si vous pensez que votre créativité ne vous fera pas connaître du monde entier, contentez-vous d'une communication propre, claire, récurrente et régulière. Soignez la qualité de votre discours. Ne soyez pas pressé, le temps fera le reste.

Travaillez votre image

L'image d'une entreprise est le résultat de la perception qu'a le public du message que vous lui faites passer par votre publicité et votre communication, et du comportement que vous adoptez face à vos clients.

Ainsi, vous pouvez avoir l'image d'une entreprise dynamique ou « pépère », jeune ou vieille, moderne ou ringarde, sérieuse ou légère, vénale ou généreuse, chère ou bon marché, de luxe ou bas de gamme, etc. Cette image perçue par vos clients, actuels ou futurs, peut avoir été conçue délibérément ou être involontaire. Cette notion est très importante. Vous pouvez, en effet, véhiculer sans le savoir une image de votre entreprise qui n'est pas celle que vous aimeriez avoir ou que vous croyez faire passer.

De la même manière qu'il est toujours très difficile de connaître la perception que les autres ont de nous-mêmes, il est très difficile de savoir quelle sera l'image générée par la communication de votre entreprise. Le risque que l'interprétation de votre discours soit aux antipodes du message que vous voulez faire passer existe.

Pour bien comprendre ce mécanisme, amusez-vous à examiner l'image que vous avez de grandes marques très connues, et comparez-la à celle que véhicule leur communication (spots télé, spots radio, affichage, campagnes de presse…). Vous constaterez bien souvent des décalages.

Ces derniers sont parfois dus à la volonté de l'entreprise de rectifier une image qui ne lui convient pas ou de la remplacer par une autre qui lui plairait davantage. Prenez par exemple la société Total, confrontée à des problèmes de pollution (pétrolier sombrant en pleine mer) ou de profits monstrueux (affreux capitaliste) qui fait sa campagne de publicité sur le thème « Vous ne viendrez plus chez nous par hasard. » On sent bien là la volonté de se créer une image sympathique, basée sur le service et de miser dessus. Si effectivement le service est à la hauteur dans les stations services, cela peut être efficace. Sinon, l'argent aura été jeté par les fenêtres.

Voici trois conseils pour éviter, dans votre communication, ce qui pourrait générer un décalage entre l'image que vous voulez avoir et celle que le public va percevoir.

Pour toutes vos actions de communication, respectez la règle des 3C : cohérence, crédibilité et constance :

- Soyez *cohérent* (on y revient toujours) : une cohérence doit exister entre vos produits (ou vos services) et ce que vous en dites, mais aussi entre ce que vous en dites et la manière dont vous le dites.
- Soyez *crédible* : les gens adorent qu'on leur explique les avantages d'un produit ou d'un service (pensez aux camelots sur les marchés ou sur les foires : vous avez vu le monde qu'ils ont autour d'eux). Ils ne demandent qu'à vous croire ! Soyez donc crédible et ne leur racontez pas d'histoire. Ne les prenez pas pour des imbéciles !
- Soyez *constant* : ne changez pas de communication tous les ans, au gré de vos humeurs ou de vos envies. Un discours cohérent et crédible, véhiculé pendant plusieurs années de suite, a toutes les chances d'implanter dans l'esprit du public une image claire de votre entreprise, quelle que soit cette image. La constance vous donnera image *et* notoriété : c'est la clé de la longévité.

Cohérence, crédibilité et constance, cette règle des « 3C » vous permettra de minimiser les risques.

Les principaux médias

▸ La presse

Le média presse est constitué de toutes les publications que vous trouvez, pour les payantes, chez les marchands de journaux et

dans les kiosques, et pour les gratuites, dans les présentoirs install-
lés dans la rue ou aux portes des magasins. Elles sont constituées
pour l'essentiel d'un rédactionnel (généralement de l'information) et de pages de publicité.

Les fréquences de parution sont très diverses : quotidienne, heb-
domadaire, mensuelle, bimensuelle, bimestrielle, trimestrielle,
semestrielle, annuelle… La presse est soit généraliste (quotidiens
ou hebdos d'informations), soit ciblée. Dans ce dernier cas, elle
vise une clientèle particulière, attachée à certains centres d'intérêt, ou appartenant à une catégorie de population. Ainsi, il existe
une presse « jeune », une presse « senior », une presse pour les
passionnés de voiture, de musique, de peinture, etc.

Ces découpages vous serviront lorsque vous bâtirez votre plan de
communication. En fonction de votre produit ou de votre service, vous serez amené à choisir certains titres plutôt que d'autres.
De nombreux formats vous seront proposés : double page, page,
demi-page, quart de page, et même des formats au millimètre.

▸ L'affichage

L'affichage, qui existe dans tous les formats, est partout autour
de vous.

- Les *grands formats* (400 × 300 ; 240 × 160 ; 200 × 150 centi-
  mètres) correspondent aux panneaux que vous voyez essentiellement dans la rue, sur les pignons d'immeubles, en limite de
  chantiers, sur les grands axes routiers, et aussi dans le métro.
  Ils sont commercialisés en réseaux (généralement par 200 panneaux), et leur technique est essentiellement le papier collé.

- Les *moyens formats* (120 × 160 ou 120 × 176) sont essentiellement des abribus, des plans indicateurs, des « sucettes » (panneaux double-face installés sur les trottoirs) ou encore des dos
  de kiosques à journaux. Lumineux, ils sont situés dans les vil-
  les, le long de certaines routes, dans le métro. Ils sont eux aussi

commercialisés en réseaux, et leur technique est l'accrochage d'une affiche imprimée recto/verso.

- Les *petits formats* (80 × 60 ; 60 × 40 ; 40 × 30) se trouvent sur les portes ou les vitrines des magasins, en bas et sur les côtés des kiosques à journaux. Ils sont aussi commercialisés en réseaux. Leur technique est la pose de l'affiche dans un cadre ou dans une poche plastique.

- Enfin, on trouve diverses sortes d'affichage sur les bus (« cul de bus », « flanc de bus »), les taxis, les colonnes « Morris », dans les aéroports, les gares, etc.

▸ La radio

La presse et l'affichage sont appelés des « médias froids », la radio est un média dit « chaud ».

Une campagne radio est composée de spots de publicité, généralement identiques et programmés à des heures précises en fonction de la population que l'on souhaite toucher. Pour bâtir un plan média radio, vous devez donc choisir les radios (généralistes ou ciblées) et les heures de diffusion de votre publicité.

Les messages durent généralement trente secondes, mais peuvent être compris entre 5 secondes et une minute.

▸ La télévision

La télévision est aussi un média « chaud ». Comme pour la radio, vous aurez à choisir les chaînes et les horaires de diffusion, la durée des spots étant de 5 à 60 secondes.

Pour la radio et surtout pour la télévision, le coût de production du message est à prévoir. Un film de trente secondes peut coûter très cher. Pour ces deux médias, les tarifs de base sont fixés pour des messages de trente secondes et le prix des messages ne baisse pas proportionnellement à leur taille. Ainsi, un message ou un film de dix secondes vous reviendra à 50 % du prix d'un de trente secondes !

▶ Internet

Ni « froid », ni « chaud », Internet est un média interactif. La publicité peut s'y faire sous forme de bannières, de pop-up, d'achat de mots-clés, d'échange de liens. Son avantage est son interactivité. La souplesse de ce média permet toutes les audaces, mesurables instantanément. La vente par correspondance l'a déjà bien compris et l'utilise largement.

▶ Le « buzz » sur Internet

« Buzz » : anglicisme de bourdonnement. Le « buzz » sur Internet, c'est une information qui se met à circuler parce qu'elle a intéressé, surpris, amusé, choqué ou que sais-je encore, et qu'elle a été reprise par les internautes qui se sont fait un malin plaisir à la divulguer et à la faire circuler. De cet événement apparaît soudainement une très grande notoriété de l'information.

Le « buzz » est donc devenu une technique marketing (marketing viral) qui consiste à faire parler d'un produit, d'un service, d'une information et à utiliser le consommateur comme vecteur du message que l'on souhaite faire passer. Pour cela, il faut surprendre, innover, faire preuve de beaucoup d'ingéniosité et utiliser des relais tels que :

- les réseaux sociaux (Facebook, Viadéo, Twitter…) ;
- les réseaux interactifs (Youtube, Myspace, Dailymotion…) ;
- les blogs ;
- et les forums.

Ce procédé est très efficace, mais tout aussi dangereux : l'information que vous voulez faire passer peut être déformée, voire contredite, et un « buzz » inverse peut se déclencher contre vous. Soyez donc prudent.

Acheter dans les médias

Comment acheter à bon prix de l'espace dans les médias ? Depuis la loi dite « loi Sapin », la transparence tarifaire est de mise dans la plupart des médias. Chaque support a un tarif parfaitement défini, publié dans le très spécialisé *Tarif Média* (voir la rubrique *Ouvrages utiles* dans la bibiliographie).

De nombreuses remises sont prévues : remise de nouvel annonceur, remise de volume, remise de fidélité, remise professionnelle, remise de progrès (ristourne accordée à un annonceur qui reconduit d'une année sur l'autre son budget augmenté de 10 % !), remise de cumul des mandats (réduction concédée à une agence de publicité qui gère un nombre important de budgets, d'où la notion de cumul), etc.

Acheter de l'espace est donc assez simple, même si vous achetez en direct, c'est-à-dire sans passer par une agence de publicité.

Cela étant, il y a une manière d'acheter de l'espace avec une remise supérieure à toutes les réductions citées ci-dessus : achetez-le au dernier moment. Cette méthode est surtout valable pour la presse et l'affichage, car quand au moment du bouclage d'un magazine une page n'est pas vendue, vous pouvez l'obtenir avec une réduction pouvant aller jusqu'à 80 % du prix initial ! De même, quand un réseau d'afficheur est libre une semaine avant le début de la pose, la réduction peut atteindre 70 %. Encore faut-il que vos affiches soient prêtes…

De nombreuses remises existent pour l'achat d'espace publicitaire, la plus intéressante étant obtenue pour un achat au dernier moment.

Les relations publiques

Les relations publiques consistent à faire parler de vous partout et par tous les moyens (légaux et honnêtes, bien sûr). Vous devez garder à l'esprit que vous avez quelque chose à dire, à montrer et que votre propos peut intéresser les gens. Vous êtes donc dans le registre de l'*information*.

Les journalistes sont ainsi énormément sollicités pour parler des produits qui sortent sur le marché. Le but est donc de les intéresser à votre produit ou à votre service pour qu'ils en parlent. Ce n'est pas si difficile que ça en a l'air. La presse et les médias en général ont besoin d'informations pratiques à véhiculer. Si vous n'y parvenez pas, soit votre produit n'est pas à la hauteur, soit vous devez revoir votre manière de communiquer. Vous aurez ainsi, de toute façon, un excellent moyen de tester votre message et votre communication.

Simplifiez le travail du journaliste en rédigeant vous-même un communiqué de presse.

Sachez aussi que dès qu'un journaliste aura parlé de vous, d'autres suivront. Vous pourrez ainsi affiner votre discours. Une petite astuce en passant : simplifiez le travail du journaliste en rédigeant vous-même ce qu'on appelle un *communiqué de presse*. Ce texte, qui informe le journaliste, est rédigé de telle manière qu'il peut être publié tel quel dans un journal. Peut-être aurez-vous alors le plaisir de lire votre prose *in extenso* dans la presse.

Autre exercice possible : la conférence de presse. Vous invitez des journalistes pour leur expliquer votre produit, son originalité, ses avantages. Pour cela, vous pouvez organiser un petit-déjeuner ou un déjeuner-buffet. Vous commencez par faire votre exposé, puis vous répondez aux questions des journalistes. Ces derniers rédigeront leur papier sur cette base.

En conclusion

Avant de démarrer une communication ou de concevoir une campagne publicitaire, posez-vous les deux questions suivantes :

- Quel est mon budget ?
- Quel est mon objectif ?

Reposez-vous régulièrement cette dernière question tout au long du processus d'élaboration de votre campagne. Il est fréquent en effet, qu'au cours de la création d'une campagne publicitaire, on perde de vue l'objectif initial, sous prétexte de créativité. On se retrouve alors avec une communication décalée, voire incompréhensible par les clients potentiels, qui ne répond plus du tout à l'objectif que vous vous étiez fixé. Cela arrive souvent lorsqu'on veut être drôle (parce qu'on vous a dit que l'humour était une des clés d'une bonne campagne de publicité). Il vaut mieux une campagne banale mais claire, qu'une campagne drôle mais confuse.

Enfin, résumons ces conseils :

- 1. Concentrez-vous sur la vente, rien que la vente.
- 2. Laissez le temps faire : il construira petit à petit votre notoriété.
- 3. Surveillez votre image.
- 4. N'investissez beaucoup d'argent dans la publicité que si vous êtes sûr que le point 1 sera respecté, le point 2 accéléré, et le point 3 amélioré.

La créativité

La créativité est une arme essentielle dans la marche d'une entreprise. Elle peut même devenir une arme décisive et faire la différence face à un concurrent moins créatif. Malheureusement, elle est bien souvent ignorée, voire purement et simplement étouffée. Pourquoi ?

Parce que la créativité dérange. La vraie créativité s'entend : celle qui fait voir les choses autrement, qui bouscule les habitudes, qui remet en cause des méthodes de travail perçues comme immuables. Cette créativité-là est une arme redoutable, qui a plus de valeur que l'argent. C'est d'ailleurs l'arme de ceux qui n'ont pas les moyens. Alors imaginez le duo créativité + argent, vous allez faire un malheur !

Le processus créatif

Le processus créatif est complexe. De quelle manière nous vient une idée ? Pourquoi certaines personnes semblent-elles plus douées que d'autres pour avoir de bonnes idées ? Comment se fait-il qu'une idée puisse arriver soudainement, sans prévenir, et sembler lumineuse et évidente, alors que cela fait des jours qu'on réfléchit sans succès.

Justement, la créativité n'a rien à voir avec la réflexion et la logique. Cela ne sert généralement à rien de s'acharner à trouver une solution en s'y attelant sérieusement comme on s'attellerait à n'importe quelle autre tâche en se disant *je me donne une heure pour trouver une idée*. Même si une solution a été trouvée, le résultat n'est bien souvent pas très créatif. Nous avons tous vécu ce genre de situation au moins une fois.

Alors, existe-t-il des recettes pour être créatif ? Des recettes, non. Mais des mises en condition, oui, sans doute. La créativité relève plutôt du vagabondage de l'esprit, de l'imprégnation d'images et de l'association d'idées.

La curiosité est un vilain défaut

Se mettre en condition pour que sa créativité puisse s'exprimer est un état d'esprit, une attitude à pratiquer tous les jours. Elle consiste à être curieux des choses et des idées, à ne pas avoir de certitudes, à s'interroger sur la manière dont « les autres » traitent certains problèmes. Auriez-vous agi de la même manière ? Auriez-vous fait mieux ou moins bien ? Amusez-vous à ce petit jeu très instructif. Il rend humble (des tas de gens ont de bonnes idées) et enrichit votre palette de solutions.

Pour que votre créativité puisse s'exprimer, soyez curieux, n'ayez pas de certitudes, interrogez-vous sur la manière dont « les autres » traitent certains problèmes.

« La curiosité est un vilain défaut. » Combien de fois avez-vous entendu cette phrase durant votre jeunesse, ou même encore maintenant ? Quelle idiotie ! C'est plutôt le contraire qui est vrai : « la curiosité est une qualité », c'est l'ouverture d'esprit, l'envie de voir ailleurs. Elle constitue le seul moyen de nous enrichir intellectuellement, de sortir de nos schémas, de bousculer nos certitudes et les lieux communs dont nous sommes tous imprégnés.

Penser autrement

Nous l'avons vu, d'une manière générale, le premier réflexe face à un problème est de trouver une solution connue et dont on a éprouvé l'efficacité. Dans ce cas, nul besoin de créativité, l'expérience suffit. Cependant, la situation n'est pas toujours aussi simple. Il arrive que le problème posé semble sans solution. Vous savez bien, ce genre de problème qui pousse à dire : « Eh oui, c'est comme ça, on n'y peut rien. »

Alors comment faire ? Il faut *penser autrement*, voir le problème sous un autre angle et élargir son champ de réflexion.

> Au journal *De Particulier à Particulier*, nos bureaux étaient ouverts au public de 9 heures à 18 heures. Tous les matins à 9 heures, et en particulier les jours de bouclage, nous trouvions en arrivant au journal de nombreuses personnes qui attendaient l'ouverture pour déposer leurs annonces. Elles pouvaient être une vingtaine, attendant là depuis un bon quart d'heure. Nous étions embêtés, car nous devions traiter leur demande dans l'urgence, puisqu'elles aussi allaient travailler et risquaient d'être en retard. De plus, l'hôtesse chargée de l'ouverture avait à peine le temps d'enlever son manteau, de se préparer, d'ouvrir la caisse, etc. Et pour peu qu'elle ait un problème de transport et qu'elle arrive en retard…

Comment régler ce problème ? Premier réflexe : nous pensons à ouvrir à 8 h 30. Cela semble une bonne idée, mais je me dis que nous allons seulement décaler le problème d'une demi-heure : au lieu d'attendre avant 9 heures, les clients attendront avant 8 h 30, et rien ne sera réglé. L'hôtesse aura toujours son manteau à enlever en urgence, et au moindre retard, les clients seront mécontents.

La solution adoptée a été la suivante : nous ouvrons à 8 h 30, mais nous ne le disons pas. De même, nous fermons le soir à 18 h 30 sans le dire. Ainsi nos heures officielles d'ouverture restent 9 h-18 h, alors que nous ouvrons en réalité de 8 h 30 à 18 h 30. Un planning d'horaires fut mis en place par les hôtesses elles-mêmes, pour qu'elles aient toutes le même nombre d'heures travaillées dans la semaine.

Résultat : quand un client arrive à neuf heures moins dix, il est agréablement surpris de voir les bureaux déjà ouverts et une hôtesse déjà installée pour s'occuper de lui. De même le soir, s'il arrive un peu en retard, les bureaux sont toujours ouverts et l'hôtesse a tout son temps pour s'occuper de lui. En termes d'image pour l'entreprise, la solution a été très profitable. Or, souvenez-vous : ce n'était à la base qu'un petit problème à régler.

On voit avec cette anecdote que l'idée qui règle le problème n'est pas le changement d'horaire ou d'organisation, mais le fait de *ne pas le dire*. C'est ça l'astuce !

Dans bien des cas, nous n'osons pas reprendre le problème totalement à la base. Nous cherchons des solutions dans la continuité de l'organisation existante, sans penser que le problème étant nouveau, l'organisation pourrait peut-être être changée, soit partiellement, soit en totalité.

Ceci est un défaut majeur dans les entreprises qui atteignent une certaine taille ou un certain âge. Les organisations se sont « fossilisées », la résistance au changement y est forte. Des couches et des couches de solutions partielles se sont accumulées au fil des années, et plus personne n'ose toucher à ce qui semble immuable.

Néanmoins, ne me faites pas dire ce que je ne dis pas ! Le changement d'une organisation efficace pour le seul plaisir de changer n'a pas de sens. Je dis simplement qu'à l'occasion d'un problème nouveau à régler, il est utile de se demander si l'organisation en place est pertinente en reprenant le problème à zéro.

Pensez simple, le plus simple possible

Évitez les solutions complexes. Sauf si, vraiment, vous ne pouvez pas faire autrement (mais j'en doute), privilégiez la simplicité. Les usines à gaz créées pour régler des problèmes parviennent, dans le meilleur des cas, à les régler au prix, bien souvent, de trois conséquences:

* elles alourdissent les organisations internes ;
* elles sont onéreuses ;
* la solution trouvée l'est souvent au détriment des clients ;

À ce sujet, voici une anecdote. Dans une usine de fabrication de boîtes de conserve, le corps de la boîte (un tube donc, avant qu'on lui soude le fond) circulait sur un tapis roulant. Pour une raison X, ce tube devait faire un demi-tour sur lui-même à un endroit précis de la chaîne.

Comment faire ? Les ingénieurs se penchent sur le problème et imaginent des tapis roulants circulaires, des systèmes d'aimants et d'autres mécanismes compliqués pour faire tourner le tube.

Un employé de la chaîne demande à voir la direction et propose une solution : une petite tige en fer, en bois ou en plastique, positionnée à 45° sur le côté du tapis roulant. Cette tige, en pénétrant dans le tube l'empêche d'avancer sur un côté et provoque mécaniquement sa rotation. Dès qu'il a tourné, il se dégage tout aussi naturellement de la tige et continue sa route ! Pas cher et efficace, non ?

Transformer un inconvénient en avantage

Bien souvent, face à un problème, nous nous focalisons sur ce qui pose justement le problème. Normal, puisqu'il faut le régler ! Une méthode consiste à essayer de voir le problème comme un avantage. Je m'explique : un prix de vente plus cher que la concurrence peut être considérée comme un inconvénient (ils sont moins chers que nous) ou comme un avantage (nous sommes plus chers, parce que nos produits sont de meilleure qualité). Cette différence de vision du problème change tout et peut même générer des stratégies malignes.

Dans un autre registre, nous avons vu qu'un client mécontent que l'on « rattrape » fait dix fois plus de publicité qu'un simple client satisfait.

Le brainstorming

Vous avez certainement entendu parler du *brainstorming*. Il s'agit d'une méthode de recherche créative, basée sur l'association d'idées. Le principe est de réunir autour d'une table un certain nombre de personnes (idéalement cinq à huit), chacune devant émettre ce qui lui passe par la tête au sujet d'une problématique donnée, soit spontanément, soit en rebondissant sur les idées des autres. La liberté doit être totale, aucune censure ou autocensure ne devant freiner le flot des réflexions et des idées émises. Il est souhaitable de s'assurer la présence d'un tiers, non participant, chargé de noter tout ce qui se dit (on peut aussi enregistrer la séance).

Pour qu'un brainstorming soit efficace, aucune censure ou autocensure ne doit freiner le flot des réflexions et des idées émises.

Le but de ce genre d'exercice est de faire disparaître l'excès de rationalité et de cartésianisme qui encombre généralement nos esprits et de nous faire passer d'un mode de réflexion « déductif » à un mode de réflexion « associatif ». Il permet souvent de voir un problème autrement et de lui imaginer des solutions originales. Même si ce n'est pas efficace à tous les coups, en formant des groupes de gens complémentaires aux sensibilités différentes, le brainstorming est très instructif. Assurez-vous lors de la composition de ces groupes qu'aucun lien hiérarchique ne vient perturber l'expression des intervenants.

Le recrutement

Dès le début de votre aventure, vous serez confronté à l'épineux problème du recrutement. J'emploie volontairement le mot *épineux*, car un bon recrutement est difficile, et ce pour de nombreuses raisons.

D'abord, il s'agit de rapports humains. Recruter quelqu'un, c'est croire en lui et lui faire confiance, et *réciproquement*. Cette confiance doit effectivement s'établir dans les deux sens et pour *n'importe quel poste* de votre entreprise, même le plus petit.

Ensuite, il s'agit d'un choix que vous faites : entre plusieurs personnes, entre des cursus différents et, bien sûr, entre des personnalités avec lesquelles vous avez plus ou moins d'affinités. Ce dernier point est très important : plus vous serez amené à côtoyer votre nouvelle recrue, plus ces affinités doivent être importantes. Voilà pourquoi des salariés se sentent, dans certaines entreprises, mieux que dans d'autres (et tant mieux).

La bonne personne au bon endroit

Recruter, c'est mettre la bonne personne au bon endroit, à la bonne fonction. Deux critères sont à considérer : la compétence du candidat et son caractère.

Pour la compétence, le problème est *a priori* relativement simple. La personne *a* la formation ou elle *ne l'a pas*. Généralement, la formation est sanctionnée par un diplôme : assurez-vous que la personne l'a effectivement obtenu, car certains n'hésitent pas à mentir ! Néanmoins, à formation égale ou à diplôme identique, la compétence est souvent différente. Interviennent en effet l'intelligence, le talent, le bon sens. À vous de trouver « la bonne personne »…

Concernant le caractère, le problème est plus délicat. Vous devez faire appel à vos talents de psychologue. (Pour ma part, n'étant pas fondamentalement un grand psychologue, je me suis vite déchargé de la question du recrutement sur meilleur que moi.)

Chaque personne est différente, elle a ses qualités et ses défauts. Pour une fonction donnée, certaines qualités sont des défauts. À l'inverse, pour un autre poste, certains défauts deviennent des qualités. Il ne faut donc pas poser le problème en termes de *qualité* ou de *défaut*, mais plutôt de *caractéristiques*, de *caractère*. Ainsi, la souplesse nécessaire au commercial, qui doit savoir s'adapter et improviser, peut être perçue comme un défaut pour un poste de comptabilité qui requiert rigueur et minutie.

Vos salariés n'ont pas les mêmes objectifs que vous !

Ce titre sonne comme une évidence, pensez-vous. Et pourtant, que d'erreurs de management sont commises en oubliant ce simple fait ! En effet, si pour vous, la réalisation de votre projet vous pousse à aller de l'avant, à travailler sans compter vos heures, à vous motiver, il n'en est pas de même pour vos salariés. Ceux-ci ont leur propre vie, leurs propres envies et bien naturellement, ils travaillent le plus souvent pour gagner l'argent indispensable à la réalisation de celles-ci. Ils n'ont donc pas forcément votre ambition, ni votre énergie.

Or, il vous faut faire travailler ensemble ces salariés, si possible dans le même sens, à la poursuite du même objectif. Vous devez donc leur faire réussir *votre* projet, en tenant compte le plus possible de ce qui les préoccupe, *eux*.

> Je me souviens d'un chef d'entreprise en herbe qui avait organisé une réunion avec l'ensemble de son personnel (une dizaine de personnes) pour expliquer la stratégie de l'entreprise, les objectifs visés. Il pensait ainsi motiver et intéresser son personnel à la création de son entreprise. Après une demi-heure d'explications et d'envolées lyriques, il pose la question rituelle : « Quelqu'un a-t-il des questions à poser ? » Une main se lève et une secrétaire demande : « Pourrais-je partir à six heures moins cinq, car j'ai une correspondance à prendre et ma fille à récupérer à la crèche ? »

Vous devez faire réussir *votre* projet grâce à vos salariés, en tenant compte le plus possible de ce qui les préoccupe, _eux_.

Ainsi, gardez à l'esprit les différences de motivation qui existent entre vous et vos salariés, et même d'un salarié à l'autre. Intégrez ces différences dans votre manière d'organiser et de manager votre entreprise.

Entourez-vous de personnes « positives »

Certaines personnes voient naturellement la vie du bon côté. Elles en ont une approche plutôt joyeuse et sont souriantes, dynamiques, globalement heureuses de vivre. Et puis il y en a d'autres, pour qui la vie est un souci permanent. Elles ne vous parlent que de problèmes, sont plutôt tristes et attirent bien souvent les catastrophes.

Les premières, s'il pleut, diront : « Ça va bientôt s'arrêter. » Les autres, s'il fait beau, diront : « Ça ne va pas durer. »

Naturellement, il est préférable de s'entourer de personnes « positives ». Apprenez à les repérer. Plutôt ouvertes d'esprit, débrouillardes, elles créent spontanément une bonne ambiance et trouvent des solutions quand un problème surgit. Appuyez-vous sur elles.

Hélas, vous recruterez probablement aussi des individus « négatifs », ils sont en effet plus nombreux… Apprenez à les gérer, car il est très difficile de les faire évoluer vers le « positif ». Cela dit, ils peuvent parfois vous être utiles pour vous tempérer lorsqu'un excès d'optimisme vous fait aller « droit dans le mur ».

La graphologie et la morphopsychologie

La graphologie

Question stupide : croyez-vous à la graphologie ?

Réponse : le problème n'est pas de *croire* ou de *ne pas croire*. La graphologie n'est pas une religion ! À mon sens, elle permet de cerner certaines caractéristiques d'un individu.

En effet, son écriture et sa signature sont naturellement l'expression de ce qu'il est. Le problème se situe plutôt au niveau de l'interprétation d'une écriture, car de cette interprétation sont nés de nombreuses incompréhensions et de multiples conflits. En effet, ne s'improvise pas graphologue qui veut. La lecture de quelques ouvrages spécialisés ne vous donnera pas les clés d'une bonne analyse graphologique, une grande et longue expérience est indispensable.

J'ai eu la chance d'avoir à mes côtés quelqu'un que la graphologie passionnait et qui la pratiquait. Face à une écriture, cette personne faisait preuve d'humilité et prenait son temps pour l'examiner. Après quelques minutes, elle me demandait : « Que cherches-tu ? » Et là j'exposais mes interrogations : « Est-ce que je peux avoir confiance en cette personne ? A-t-elle un sens commercial ? Est-elle constante ? Généreuse ou avare ? Autonome ? Envahissante ? Optimiste ou pessimiste ? Est-elle fâchée ou non avec les chiffres ? », etc. Ses réponses se sont vérifiées généralement par la suite.

De mon point de vue, ces questions sont la meilleure façon de se servir de la graphologie. Plutôt qu'une longue étude sur la personnalité détaillée de la personne, chercher à obtenir des renseignements sur quelques points essentiels. Si vous faites appel à un cabinet extérieur, recoupez toujours leur analyse avec celle d'un deuxième cabinet.

La morphopsychologie

La morphopsychologie est l'étude de la personnalité par le visage, qui vise à associer des caractéristiques physiques à des traits de personnalité. Nous la pratiquons tous, peu ou prou, tous les jours, car nous avons une tendance naturelle à porter un jugement rapide sur quelqu'un en fonction de son physique. L'aspect scientifique de la morphopsychologie est plus discutable, car elle dépend fortement de l'expérience de chacun, de son vécu. Prudence donc si vous décidez d'introduire cette méthode dans vos recrutements...

Licencier : il faut bien en parler

Qui dit recrutement dit licenciement. Vous serez *forcément* amené un jour ou l'autre à licencier. Cette étape est toujours un déchirement, une corvée dont vous vous passeriez bien, et ce, quelles que soient les raisons du renvoi.

La règle veut qu'il y ait toujours un motif « légitime et sérieux »à un licenciement. Certains motifs sont simples, dès lors que vous pouvez les démontrer, comme dans le cas des licenciements économiques ou des licenciements pour faute lourde ou faute grave.

La règle veut qu'il y ait toujours un motif « légitime et sérieux » à un licenciement

En revanche, la situation est parfois plus délicate, lorsqu'une personne est de mauvaise foi, travaille « à reculons », crée une mauvaise ambiance, fait circuler des rumeurs, se fait passer pour une victime, etc. Ce genre d'individu est un véritable fléau dans une entreprise. Si, par malheur, vous l'avez recruté et que vous souhaitez ensuite vous en séparer, vous devez monter un dossier et ne rien laisser passer : notez-y le non-respect des horaires, des objectifs, des consignes… Couchez par écrit ce que vous lui reprochez sous forme d'avertissements. Certes, c'est une véritable corvée, d'autant que vous auriez bien mieux à faire. Quand vous pensez que le dossier que vous avez constitué est suffisamment consistant, licenciez la personne en question. Un procès aux prud'hommes sera sans doute déclenché par le salarié, mais n'en ayez pas peur. Les prud'hommes sont là pour régler ce type de litiges, et même s'ils sont globalement favorables aux salariés, les entreprises peuvent aussi y avoir gain de cause. De toute façon, le salarié n'étant plus dans votre entreprise, votre objectif est atteint…

L'aspect juridique du recrutement et du licenciement

ATTENTION, le recrutement et le licenciement font l'objet de procédures qui doivent impérativement être suivies. Si vous ne respectez pas ces obligations juridiques, vous vous exposez à des sanctions, et vous risquez par ailleurs de perdre votre procès aux prud'hommes si l'on vous en intente un.

En particulier, sachez que lorsque vous recrutez quelqu'un, vous devez faire une « déclaration préalable d'embauche ». Lorsque vous licenciez une personne, vous devez la convoquer à un « entretien préalable ».

Pour le licenciement et le recrutement, prenez conseil auprès d'un comptable ou d'un juriste.

Cette paperasse constitue il est vrai une perte de temps, mais elle est incontournable. Soyez prudent et entourez-vous des conseils de votre comptable ou de votre juriste pour ne pas vous retrouver avec un « vice de forme ».

Mon premier renvoi est un mauvais souvenir. D'abord, et au risque de me répéter, on ne licencie pas par plaisir. Un chef d'entreprise ne se lève pas tous les matins en se disant « Voyons, voyons, qui pourrais-je bien licencier aujourd'hui ? » Il a toujours un motif qui l'oblige à se séparer de quelqu'un ! Que ce motif plaise ou non, il existe bel et bien.

J'avais recruté une jeune femme pour un poste administratif assez simple, qui demandait juste un peu d'attention. Trois semaines après le début de sa période d'essai, elle fait une erreur monumentale, qui a pour conséquence la non-parution d'un nombre important d'annonces et donc la fureur des clients qui ne voient pas leur annonce dans le journal. Je me rends compte que l'erreur en question est due à un manque d'attention, voire de conscience professionnelle. Après avoir entendu la jeune femme, je n'ai plus confiance en elle et décide de m'en séparer.

Quand je lui annonce officiellement qu'elle ne restera pas avec nous, la jeune femme me reproche de l'avoir engagée comme « bouche-trou » à cause sans doute de l'absence d'une autre salariée (ce qui n'était pas le cas) et me traite de raciste (elle était d'origine espagnole) ! Moi, tout jeune naïf chef d'entreprise, j'en étais resté sans voix…

Voici une autre expérience pénible. Nous avions recruté une hôtesse d'accueil pour la réception. Contrairement à l'impression que nous avions eue lors de l'entretien d'embauche, nous découvrons que la jeune fille n'est pas très aimable avec les clients : un brin sèche, elle ne sourit pas et ne fait pas preuve de gentillesse spontanée.

Or, s'il y a une qualité qui me semble indispensable pour accueillir du public, c'est bien la gentillesse avec le sourire. La jeune femme était en période d'essai. Nous avons pensé qu'elle ne s'améliorerait pas et décidons donc de nous séparer d'elle.

Je la convoque dans mon bureau et lui annonce que nous ne la gardons pas. Elle me demande pourquoi. Ne voulant pas la froisser sur son manque d'amabilité, je lui réponds simplement qu'elle est en période d'essai et qu'elle ne convient pas au poste. Elle insiste, veut savoir la raison réelle. J'hésite, puis décide de lui donner le motif de son départ, à condition qu'elle comprenne que ce n'est pas de ma part une volonté de la blesser. Elle acquiesce. Je lui précise que si elle pouvait en tenir compte à l'avenir, cela pourrait lui être utile professionnellement, et je lui annonce alors :

« Vous n'êtes pas aimable.

– Quoi ? me dit-elle en s'emportant. Moi, pas aimable ? Comment pouvez vous dire ça ? Je suis toujours correcte avec les clients, il m'arrive même de rire avec certains d'entre eux. Bon, continue-t-elle, c'est vrai qu'il y a des clients «casse-pieds», dont il n'y a rien à tirer.

– Justement, lui dis-je, c'est ça votre mission. Les «casse-pieds» doivent être traités avec encore plus d'amabilité que les autres et ressortir souriants. C'est à vous de les dérider. »

La discussion s'enlise, je ne sais plus comment en sortir. Le fait qu'elle se mette en colère me confirme que nous ne sommes pas sur la même longueur d'ondes. Alors je lui demande :

« Connaissez-vous des gens qui ne sont pas aimables ?

– Oui, me répond-elle.

– Bien. Et connaissez-vous des gens qui disent qu'ils ne sont pas aimables ?

– Non, répond-elle.

– Alors cherchez l'erreur… »

La morale de cette dernière histoire ? Un licenciement ou un renvoi est *toujours* perçu comme une injustice par la personne licenciée (en partie à cause de l'angoisse du lendemain, tout à fait compréhensible). C'est pour cela qu'il est difficile et pénible de licencier, et que les chefs d'entreprise préféreraient ne pas avoir à le faire. Malheureusement, nous sommes parfois obligés d'en passer par là…

épilogue

Voilà. Vous avez entre les mains de quoi démarrer votre entreprise. Le reste, vous pourrez aller le puiser dans quantité d'ouvrages en fonction du besoin du moment. C'est en faisant et en avançant que vous apprendrez le mieux. Aucun cours, aucun livre ne remplacera la connaissance que vous acquerrez sur le terrain.

Vous ferez des erreurs et des mauvais choix. Tirez-en les conséquences qui s'imposent. Si vous faites deux ou trois fois la même erreur en revanche, c'est que vous êtes soit têtu, soit stupide…

Improvisez et adaptez-vous. Vous ne connaîtrez jamais à l'avance les évènements qui vont survenir, à moins que vous ne les génériez vous-même. Et même dans ce cas, ils ne se produiront jamais tout à fait comme vous l'aviez imaginé.

Ne pensez qu'à vos clients. Soyez obsédés par eux, fidélisez-les.

Ne compliquez pas les choses. Pensez et restez simple, réfléchissez, synthétisez et agissez.

Pour conclure, je vous laisse méditer sur cette réflexion, mi-sérieuse mi-blagueuse d'Albert Einstein : « La théorie, c'est quand on sait tout et que ça ne marche pas. La pratique, c'est quand ça marche et qu'on ne sait pas pourquoi. »

Que doit-on faire figurer sur une facture ?

Tout d'abord, une facture doit être rédigée sur le papier à en-tête de la société. L'en-tête en question doit comporter le nom de la société, sa forme juridique, son capital, son adresse et son numéro de registre du commerce et des sociétés (numéro RCS).

Exemple : Société X, SAS au capital de 20 000 euros, 14, boulevard des Capucines, 60000 Beauvais . RCS 306 412 153 00018.

Sur la facture elle-même, vous devez faire figurer une date, un numéro, l'objet ou le service vendu, le prix hors taxes, la TVA et le prix toutes taxes comprises. Doivent apparaître aussi le nom du client et son adresse.

J'ai une idée que j'aimerais protéger. Comment faire ?

Une idée en elle-même n'est pas protégeable. Si celle-ci, peut être matérialisée sous la forme d'un dessin, d'une description pré-cise, d'une maquette, vous pouvez la déposer à l'INPI (Institut National de la Propriété Intellectuelle). Il en va de même d'un logo ou d'une marque originale. En revanche, si votre idée n'est pas matérialisable et si vous voulez en parler à quelqu'un, vous pouvez toujours en faire une description complète sur papier et le faire signer. Mais, cela ne vous garantit pas contre d'éventuelles fuites…

À quoi sert le capital d'une entreprise ?

À sa création, le capital d'une entreprise est la somme d'argent dont le créateur dispose pour lancer son activité. Cette somme doit donc, en théorie, correspondre au besoin en trésorerie nécessaire au lancement de l'activité. C'est rarement le cas. En effet, la plupart du temps, le capital est plus faible et, pour assurer le financement du lancement de l'activité, on complète par des comptes courants.

Le capital de la société appartient à la société et non aux actionnaires. C'est avec cet argent que la société va financer son développement. Pour cela, certaines sociétés ont besoin de beaucoup d'argent de manière immédiate. C'est la raison pour laquelle elles choisissent d'augmenter leur capital en s'introduisant en Bourse. On dit qu'elles « font appel au marché ».

Qu'est-ce qu'un compte courant d'associé ?

Un compte courant d'associé est une somme d'argent qu'un associé (ou un actionnaire) avance à la société pour l'aider à se développer ou pour traverser une mauvaise passe de trésorerie. Cet argent appartient donc à l'associé (ou à l'actionnaire) : il représente une dette de l'entreprise vis-à-vis de l'associé (ou de l'actionnaire). L'entreprise le lui remboursera, quand elle le pourra, avec, dans certains cas, des intérêts.

Est-il obligatoire d'avoir un comptable ?

Il n'est pas impératif d'avoir un comptable, mais il est obligatoire… de tenir une comptabilité. Si vous n'êtes pas comptable, l'aide de quelqu'un vous sera nécessaire pour établir votre comptabilité. Mais, vous n'êtes pas obligés pour autant de l'embaucher : vous pouvez confier cette tâche à un cabinet spécialisé qui se chargera de vos payes, de vos déclarations de TVA, de vos relations avec les différents organismes sociaux et de vos bilans et comptes de résultats annuels.

Quelles sont les démarches administratives nécessaires à la création de mon entreprise ?

Les démarches sont aujourd'hui simplifiées grâce à l'existence de guichets uniques prenant en charge l'ensemble des formalités administratives. Ces guichets s'appellent des CFE (Centres de Formalités des Entreprises). Ils sont présents dans toutes les chambres de commerces et d'industrie de France. Leur liste est consultable sur le site *www.apce.com*, par exemple. Il suffit donc d'aller les consulter, de remplir un formulaire et d'apporter les différentes pièces qu'ils vous réclameront : statuts, bail, certificat de dépôt des fonds, carte d'identité... Ils s'occuperont ensuite eux-mêmes des déclarations à faire aux différents organismes et administrations (INSEE, services fiscaux, URSSAF, caisses de retraites, etc.). Vous recevrez ensuite, sous quinze jours environ, votre numéro d'inscription au registre du commerce : ce sera l'immatriculation de votre société.

Qu'est-ce que la TVA ?

La TVA est une taxe qui frappe les produits et les services que vous vendez. Son nom exact est taxe sur la valeur ajoutée. Sur chaque facture que vous émettez ou que vous recevez une TVA est donc comprise. Vous devez reverser à l'État la TVA que vous recevez, après déduction de la TVA que vous avez payée à vos fournisseurs. Le taux à ce jour le plus répandu est de 19,6 %. Un autre de 5,5 % existe aussi et concerne quelques secteurs (édition, restauration...).

Que signifie « amortir un bien » ?

La notion d'amortissement est une notion comptable très importante que vous ne pouvez ignorer. Le principe en est le suivant : si vous achetez du matériel dont la durée de vie est de plusieurs années et dont la valeur est de 10 000 euros, vous ne pourrez pas déduire de votre compte de résultat la totalité de ces 10 000 euros. Vous ne pourrez en déduire qu'une partie, le fisc considérant comme normal de répartir la dépense sur le nombre d'années probables d'utilisation de ce matériel. Ainsi, sur 5 ans par exemple, vous pourrez déduire chaque année de votre compte de résultat 2 000 euros, même si vous avez payé comptant le matériel. D'où l'intérêt de recourir au crédit.

Dans l'exemple que nous venons d'énoncer, on dit que vous avez « amorti » le matériel sur 5 ans. Votre comptable est parfaitement qualifié pour déterminer avec vous les durées d'amortissement de vos achats. Parlez-en avec lui.

Comment bien choisir sa banque ?

Il n'existe pas de recette miracle ! La plupart des banques de réseaux offrent peu ou prou les mêmes services. Si vous avez personnellement un compte dans l'une d'elle et que vos relations avec le banquier sont bonnes, vous pouvez envisager d'y ouvrir le compte bancaire de votre société. Cela peut faciliter certaines de vos démarches, notamment celles concernant une demande de crédit. À l'inverse, vous pouvez choisir de ne surtout pas prendre la même banque et d'essayer de tisser des relations strictement professionnelles avec une autre. Pas de mélange des genres en somme. J'ai personnellement une préférence pour la deuxième solution.

Qu'est-ce que le besoin en fonds de roulement (BFR) ?

Le besoin en fonds de roulement est l'argent nécessaire au financement du cycle de votre activité. En effet, avant d'encaisser les paiements de vos clients, vous devez dépenser de l'argent (salaires, matières premières, stocks, frais généraux…). Ces dépenses seront soit immédiates (salaires, loyers…), soit différées (délais de paiement accordés par les fournisseurs). Vos clients aussi auront certainement leurs propres délais de paiements. L'argent ne rentrera pas immédiatement. Votre besoin en fonds de roulement est l'argent qu'il vous faut sortir avant que vos clients ne vous payent. Il s'agit, en quelque sorte, d'un décalage de trésorerie entre les créances clients et les dettes fournisseurs.

Selon les activités, le BFR peut s'avérer plus ou moins élevé. Dans certains cas, il peut être négatif ! C'est le cas en particulier de toutes les activités ou le client paie comptant.

Qu'appelle-t-on « dividendes » ?

Les dividendes sont la part des bénéfices que les associés ou actionnaires d'une société décident de se distribuer. Cette distribution est libre et peut intervenir à tout moment, même plusieurs années après, dès lors que les bénéfices ont été dûment constatés par les différentes assemblées générales annuelles des actionnaires. Les dividendes ont une fiscalité particulière : 60% du montant doit être déclaré et intégré à la déclaration d'impôts habituelle.

Quel est l'intérêt de créer une SARL au capital de 1 euro ?

Franchement aucun ! Cette possibilité est symbolique. Elle n'a aucun sens économique : que faire avec 1 euro ? Quelle crédibilité sur le marché ? Restons sérieux.

Qu'est-ce qu'un gérant majoritaire ?

Cette notion concerne les SARL. Le gérant d'une SARL est considéré comme majoritaire s'il possède plus de 50% du capital de la SARL. C'est logique, mais ceci a une conséquence sociale : le gérant majoritaire dépend du régime général des travailleurs non salariés.

Dans le pourcentage du capital détenu par le gérant, il faut aussi compter les parts détenues par les membres de sa famille (femme ou mari, et enfants), ainsi que les parts détenues par toute autre société dont il a le contrôle.

Quelle protection pour le nom de ma société ?

Tout d'abord assurez-vous que le nom de votre société n'existe pas déjà. Pour cela, renseignez-vous auprès de l'INPI (Institut National de la Propriété Industrielle). Si votre nom est « original », déposez-le, car il est important de savoir que les noms qui ne sont constitués que de mots courants ou d'associations de mots courants ne sont pas déposables comme marques. En revanche, le nom de votre société peut être composé de mots courants dès lors qu'aucune autre société ne les a déjà pris. Vous pouvez cependant déposer un mot ou un ensemble de mots courants si vous vous arrangez pour les faire suivre d'un graphisme original. Vous protégez alors ce qu'on appelle une marque « figurative », ce qui équivaut en quelque sorte à un « logo ».

L'utilisation d'une marque prévaut sur un dépôt si l'utilisation est antérieure au dépôt. Ainsi, si une société « machin » existe depuis 2003 sans qu'elle n'ait déposé son nom et si vous déposez en 2007 le nom « machin » à l'INPI, votre dépôt n'aura aucune valeur !

Pensez à enregistrer vos sites Internet en rapport avec votre nom. Sinon, des petits malins pourraient le faire à votre place et vous seriez obligés de le leur racheter ou de leur intenter un procès (hasardeux).

Quelles conditions demandent les banques pour accorder un crédit ?

En la matière, il n'existe ni recettes miracles, ni règles parfaitement définies. Cependant, certaines conditions sont indispensables, et, en premier lieu, un effort financier important de votre part. Ce n'est pas tant le montant qui compte, mais davantage sa valeur relative par rapport à ce que vous possédez. Le banquier a besoin de sentir que vous vous investissez pleinement dans votre aventure et que vous prenez des risques. Ensuite, il vous demandera des garanties. Si vous en avez (logement, placements…), cela vous aidera à gagner sa confiance. Si vous n'en avez pas, il faudra le convaincre de vous prêter un peu en échange d'une caution solidaire de votre part. C'est votre force de persuasion et la qualité de votre projet qui feront la différence. Des clients déjà obtenus, des contrats signés feront pencher la balance en votre faveur.

Si vous sollicitez un crédit auprès de votre agence bancaire, sachez que le responsable de l'agence peut accéder à votre demande jusqu'à un certain montant au-delà duquel il doit transmettre le dossier à sa hiérarchie. Et, dans ce cas, vous n'aurez plus la possibilité de défendre votre dossier. Mieux vaut donc viser au-dessous de ce seuil pour pouvoir négocier au mieux avec votre responsable d'agence. Et pour connaître le montant en question, faites-le parler… habilement !

Puis-je domicilier mon entreprise à mon domicile ?

Oui. Et ceci sans limitation de durée. Si une quelconque interdiction vous en empêche (clause particulière de votre engagement de location, par exemple), vous pouvez quand même le faire mais pour une durée maximum de 5 ans. Au-delà il vous faudra trouver une autre adresse, soit en signant un bail 3/6/9, soit une location précaire (maximum 23 mois).

Qu'est-ce qu'un bail 3/6/9 ?

C'est un bail commercial d'une durée de neuf ans. Vous ne pouvez le dénoncer qu'à la fin d'une période triennale. Ainsi, dès que vous l'avez signé, il vous engage pour au moins trois ans. Si vous ne le dénoncez pas au bout des trois premières années, vous ne pourrez le dénoncer que trois ans plus tard, soit au bout de six ans, etc. D'où son nom : 3/6/9. En revanche, le propriétaire ne peut le résilier qu'au bout de neuf ans. C'est à ce moment que généralement se rediscute le montant du loyer.

Qu'est-ce qu'une pépinière d'entreprises ?

Une pépinière d'entreprises est un lieu d'hébergement provisoire pour des entreprises en création. Elle permet aux jeunes créateurs de bénéficier de structures pour assurer leur hébergement et de profiter d'un environnement favorable à leur projet (accompagnement, conseils, services). Elles ont été initiées par les collectivités locales. Certaines sont spécialisées par secteur d'activité. Vous les trouverez facilement sur Internet en recherchant « pépinières d'entreprises ».

Quel est le montant des charges sociales ?

Difficile de répondre précisément à cette question, les calculs étant le plus souvent complexes et dépendant de la rémunération principale. Néanmoins, pour faire une estimation réaliste destinée à prévoir des dépenses ou à établir un *business plan*, je vous conseille le chiffre de 55 % de charges sociales sur le salaire brut. Ainsi, si vous envisagez de rémunérer quelqu'un 2 000 euros, budgétisez 3 100 euros. Vous serez assez près de la réalité.

Le dépôt de garantie du loyer est-il une charge ?

Non. C'est une immobilisation (actif du bilan). Cette somme affaiblit votre trésorerie, mais n'affecte en rien votre compte de résultat. Elle est régulièrement indexée et vous la récupérerez en fin de bail quand vous quitterez les locaux.

bibliographie

Quelques magazines...

L'Entreprise (www.lentreprise.com)
Entreprendre (www.entreprendre.fr)
Défis (www.defis.com)

Quelques ouvrages...

100 conseils pour créer son entreprise, coll., Studyrama, 2005.

APCE et coll., *Créer ou reprendre une entreprise*, APCE, 2004.

APCE, *Quel statut pour mon entreprise*, Éditions d'organisation, 2004.

BLOCH Philippe, *Bienheureux les fêlés*, Robert Laffont, 2003.

BOUCHÉ Geneviève, *Je vais monter ma boîte*, Éditions d'organisation, 2002.

CARTON Francine, *Trouver ses clients*, Éditions d'organisation, 2004.

FAYOLLE Alain, *Le métier de créateur d'entreprise*, Éditions d'organisation, 2002.

GATTAZ Yvon, *La moyenne entreprise*, Fayard, 2002.

Guillon Joël, *Vendre ses prestations*, Éditions d'organisation, 2003.

Hopkins Claude C., *Ma vie dans la publicité*, Idegraf.

Lartigue Miren & Helyett Thomas, *Comment créer votre entreprise*, Studyrama, 2005.

Mémento - Dirigeants de sociétés commerciales 2006-2007, coll., Francis Lefebvre, 2005.

Mémento fiscal, coll., Francis Lefebvre, 2005.

Mémento social, coll., Francis Lefebvre, 2005.

Mémento - Sociétés commerciales 2006, coll., Francis Lefebvre, 2005.

Paysant Michel, *S'installer à son compte*, Éditions d'organisation, 2005.

Piganeau Laurence et APCE, *La micro-entreprise de A à Z*, Éditions d'organisation, 2005.

Rocha (Alexandra da), *Pas si dur d'entreprendre,* Les Carnets de l'info, 2009.

Ydé Vincent, *Créer son entreprise : du projet à la réalité*, Vuibert, 2004.

Quelques associations & institutions...

APCE (Agence Pour la Création d'Entreprise)
www.apce.com

ADIE (Association pour le Droit à l'Initiative Economique)
www.adie.org

BDPME (Banque du Développement des Petites et Moyennes Entreprises)
www.bdpme.fr

CDC (Caisse des Dépôts et Consignations)
www.caissedesdepots.fr

CDC PME (Caisse des Dépôts et Consignations, Petites et Moyennes Entreprises)
www.cdcpme.fr

CGPME (Confédération Générale des Petites et Moyennes Entreprises)
www.cgpme.org

INPI (Institut National de la Propriété Industrielle)
www.inpi.fr

INSEE (Institut National de la Statistique et des Etudes Economiques)
www.insee.fr

MEDEF (Mouvement Des Entreprises de France)
www.medef.fr

Secrétariat d'État aux PME, au commerce, à l'artisanat, aux professions libérales et à la consommation
www.pme-commerce-artisanat.gouv.fr

Quelques sites Internet...

www.boutiques-de-gestion.com (aides à la création d'entreprise)

www.cci.fr (portail des chambres de commerce et d'industrie de France)

www.coachinvest.com (aides à la création, formalités administratives…)

www.statutsonline.com (aides à la création, rédaction de statuts…)

www.redactform.fr (rédaction d'actes et formalités juridiques…)

www.aides-etat-conseil.com et www.aide-et-subvention.com (pour la recherche de subventions…)

www.jurimodel.com (modèles juridiques, contrats et lettres types…)

www.contrats.biz (kit de création d'entreprise, modèle de *business plan*…)

www.tarifmedia.com (tarifs pour l'achat d'espace dans les médias)

www.reseau-entreprendre.org (accompagnement de créateurs d'entreprises)

index

T

www.ingramcontent.com/pod-product-compliance
Lightning Source LLC
Chambersburg PA
CBHW060604210326
41519CB00014B/3565